Ein Trinkgefäß,
sobald es leer,
macht keine rechte Freude mehr!
W. Busch
Beim Gloser
DAMERADL - Zoigl
FALKENBERGER ZOIGL
REIN - BEKÖMMLICH - SÜFFIG
ECHTER ZOIGL
VOM KOMMUNBRAUER
Stefflwirt
Otto Punzmann-Zeidler
Partyfässer
ab 5 Ltr.
ECHTER ZOIGL VOM KOMMUNBRAUER
ANNO 1697
Schlosshof-Zoigl
Fam. Weiß Windischeschenbach Tel. 09681/2660
Marktplatz 20
92670 Neuhaus
Hauptquartier der
Altneihauser Feierwehrkapell`n
www.feierwehrkapelln.de
Familie Fütterer
Burgstraße 6
Ortsteil Neuhaus
92670 Windischeschenbach

Wolfgang Benkhardt

Der Zoigl

Bierkult aus der Oberpfalz

BUCH & KUNSTVERLAG OBERPFALZ

Wolfgang Benkhardt

Der Zoigl

Bierkult aus der Oberpfalz

BUCH & KUNSTVERLAG OBERPFALZ

Bibliografische Information der Deutschen Nationalbibliothek

Die Deutsche Nationalbibliothek verzeichnet diese Publikation in der Deutschen Nationalbibliografie; detaillierte bibliografische Daten sind im Internet über http://dnb.d-nb.de abrufbar.

Mit diesem QR-Code können die Schanktermine der Zoiglstuben im Oberpfälzer Wald aus dem Internet heruntergeladen werden (www.zoiglinfo.de); der Zoiglkalender kann auch kostenlos bei den Tourismuszentren im Oberpfälzer Wald angefordert werden, Tel. 09602/791050 und E-Mail tourismus@neustadt.de (Landkreis Neustadt a. d. Waldnaab) oder Tel. 09631/88223 und E-Mail tourismus@tirschenreuth.de (Landkreis Tirschenreuth)

Mühlgasse 2, 92224 Amberg
www.buch-und-kunstverlag.de
Erweiterter und aktualisierter Nachdruck der Ausgabe von 2009
Druck: Spintler Druck und Verlag, Weiden
ISBN: 978-3-935719-92-6

Foto Titelseite: Popp Ingrid
Fotos Umschlagrückseite: Archiv Kramer-Wolf und Stadtarchiv Nürnberg

Oberpfälzer „Wirtschaftswunder"

Irgendwie muss der Zoigl ein Zaubertrank sein. Wie wäre es sonst zu erklären, dass dieses Bier im Nu alle Standesunterschiede wegschwemmt und der „G'schtudierte" beim Plausch mit dem Arbeiter schon nach dem ersten Schluck zum vertrauten Du übergeht? Wie wäre es sonst möglich, dass die eher zurückhaltenden Oberpfälzer plötzlich unternehmerischen Mut entwickeln und eine Schankstube nach der anderen eröffnen? Und wie wäre es sonst zu begründen, dass sogar aus dem Ausland Journalisten, Kamerateams und Biertouristen anreisen, um das Geheimnis, das unter dem Schaumhäubchen des „magic brown beer" versteckt ist, zu ergründen? Nein, nein, man muss kein Sterndeuter sein, um zu erkennen, dass Zoigl mehr als „nur" Bier ist.

Aber was macht den Zoigl zu etwas ganz Besonderem? Das Buch versucht, diese Frage zu beantworten, indem es in den Schankstuben nach den Traditionen und Wurzeln des Oberpfälzer Bierkults sucht. Dabei stößt man auf erstaunliche Dinge und witzige Geschichten. Über den Zoigl urteilen kann nur der, der ihn erlebt hat. Das Buch lädt dazu ein, den Oberpfälzer Sternzeichen zu folgen, in urigen Stuben nette Menschen und ungewöhnliche Originale zu treffen, gemütlich Brotzeit zu machen, kurzum: richtige Sternstunden traditioneller Gastlichkeit im Nordosten Bayerns zu erleben.

Die Kapitel weisen Bierliebhabern den Weg zum ganz persönlichen Lieblingszoigl. Für alle anderen soll das Buch einfach eine informative und amüsante Lektüre über ein kerniges Original aus dem Oberpfälzer Wald sein.

Wolfgang Benkhardt

„Zoiglbier mit Herz gebraut,
das Herz nicht von Kommerz versaut
mit Herzblut und mit Muskelschmalz
das ist das Herz der Oberpfalz."

(Norbert Neugirg)

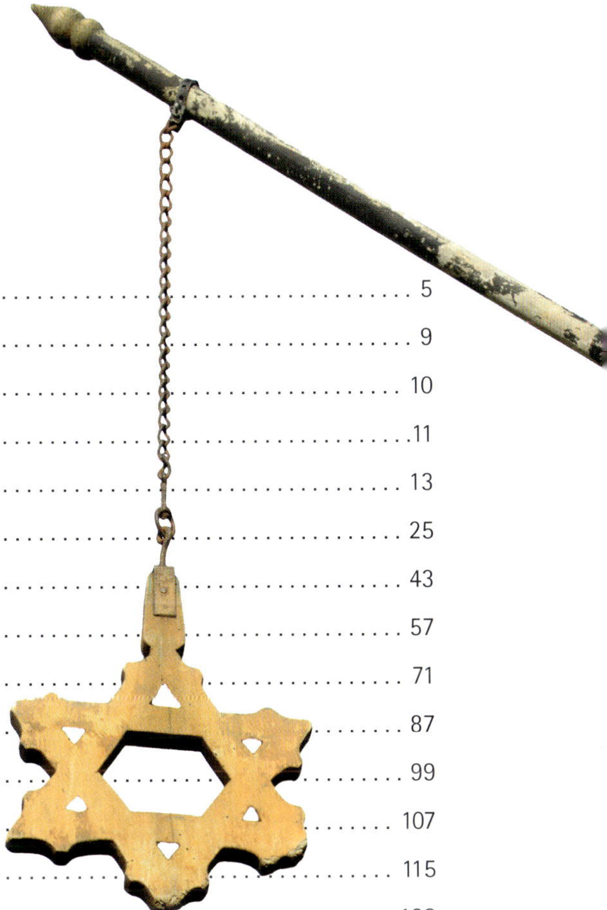

Inhaltsverzeichnis

Links ist der „Schaffermeisl", ein Zoigl-Original früherer Jahre, im Felsenkeller des Schafferhofs zu sehen. Der Schankstern oben stammt vom „Gloser", einer kultigen Zoiglstube in Windischeschenbach.

Knapp zehn Meter unter dem Marktplatz von Neuhaus bei Windischeschenbach reift das Bier bei Tobias Bergler (links) in einem alten Felsenkeller heran. Die „Schneckerln", die sich bei der offenen Gärung auf der Oberfläche bilden, lassen das Herz eines jeden Hausbrauers höherschlagen.

Prolog

Im bayerischen nahen Osten,
wo sonst bloß Rindviecher verrosten,
weil sie in der Milch ersaufen,
die die Bauern nicht verkaufen,
hält sich – zäh wie Kuhstallstreu –
nebst der Milch noch ein Gebräu,
das man am Geschmack erkennt,
welcher es von Kuhmilch trennt
und das man den „Zoigl" nennt.

Der Zoigl ist Kommunbraubier,
der als altes Elixier
in Kommunbrauhäusern angerührt,
seit 1400 dazu führt,
dass ihn – gleich, was drinnen schwimmt –
die Menschheit arglos zu sich nimmt
und heutzutage mehr drauf brennt
als auf die Milch, die permanent,
kostenlos und ungeniert
durchs Güllefass vergossen wird,
was beim Zoigl nie passiert.

Das Zoiglbier hat einen Stern
und man trinkt es so lang gern,
solang der Stern, um den sich's handelt,
sich nicht in einen Stich verwandelt.

Hat der Zoigl einen Stich,
dann hat er nicht mehr viel für sich
und nach Ablauf seiner Fristen
taugt er bloß mehr für Touristen.

Der Zoigl trieft in hoher Dichte
nur so vor Geschichte,
so dass sich schreibende Gestalten
für begnadet und berufen halten,
in Form bedruckter Bücherseiten
ein Geschreibsel zu verbreiten,
von dem sie meinen, dass es eine Ehre
und für die Welt vonnöten wäre.

Ausgemergelte Journalisten,
die beim „Neuen Tag" ihr Leben fristen,
sind des knappen Lohnes wegen
in Zoiglstuben oft zugegen,
weil sie erstens spekulieren,
dass die Wirte was spendieren,
und zweitens, wenn sie zahlen müssen,
um die kleine Preise wissen.

Es kam dabei – es blieb nicht aus –
irgendwie ein Buch heraus,
das im Lichte der Präsenz
so provinzieller Prominenz
wie Landrat, E.ON und dergleichen,
die fürs Niveau des Buches reichen,
druckfrisch heut' vom Stapel läuft,
auf dass das Volk, das Zoigl säuft,
am andern Morgen wieder klar
lesen kann, wo's vortags war.

Die Oberpfalz trinkt Zoiglbier
und wer es trinkt, wird schön wie wir.

Mög' die Menschheit dieses Buch verkraften,
mög' man den Schreiber nicht verhaften,
mög' der Verlag in Anbetracht verkaufter Massen
den Autor nicht verhungern lassen,
mög' das Zoiglbier trotz allem Treiben
authentisch und im Lande bleiben,
mög' es niemals im Profit versanden
und mög' es nie beim Aldi landen.

Wir wünschen für den Buchverkauf
einen flotten Stapellauf,
dem Zoiglbier stets eine Spur
mehr Verstand als Geldkultur,
so bleibt man seiner Zeit voraus,
es grüßt die „Feierwehr aus Altneihaus".

(gekürzte Fassung der Rede von Norbert Neugirg bei der Buchpräsentation 2009)

Ein Oberpfälzer Zaubertrank

Im 21. Jahrhundert sind alle Kleinbrauer nach langem Kampf von großen Bierkonzernen geschluckt worden. In ganz Bayern? Nein! Eine von unbeugsamen Bierrechtlern im Oberpfälzer Wald bevölkerte Region hört im Nordosten Bayerns nicht auf, den großen Betrieben die Stirn zu bieten. Die Leute stellen in ihren Kommunbrauhäusern in Mitterteich, Neuhaus, Windischeschenbach, Falkenberg und Eslarn mit einfachen Methoden in mühevoller handwerklicher Arbeit weiter ihren Zoigl her und machen damit den großen Brauereien das Leben schwer ...

Mitte

Ne

Windischesche

Falk

Die zehn wichtigsten Regeln für den Besuch einer Zoiglstube

❶ Verwende beim Zoigl nie den Artikel „das". Es heißt der Zoigl. Wer „das Zoigl" sagt, entlarvt sich als Kulturbanause und riskiert, saures Bier serviert zu bekommen.

❷ Die richtige Anrede lautet immer du oder ihr, umgangssprachlich manchmal auch „iatz". Alle gesellschaftlichen Unterschiede sind mit dem ersten Schluck weggespült.

❸ Versuche nie, vorher Plätze telefonisch zu reservieren. Das geht nicht. Es ist auch absolut unüblich, dem Wirt mitzuteilen, dass du einen Tisch für sechs Personen suchst. In den meisten Stuben wirst du nur ein mitleidiges Lächeln ernten. So viele freie Plätze an einem Tisch gibt es selten.

❹ Setze dich nie allein an einen freien Tisch. Erstens gibt es den in einer guten Zoiglwirtschaft gar nicht und zweitens würden die anderen Gäste dies so deuten, dass du dich selbst für etwas Besseres hältst. Geschlossene Gesellschaften sind beim Zoigl tabu.

❺ Bestelle zu Tellersulz, Presssack mit Musik, Gselchtem und ähnlichen Brotzeiten nie Ketchup. Das würde einem Entweihen der Oberpfälzer Wirtshauskultur gleichkommen.

❻ Reagiere nicht beleidigt, wenn dir der Wirt einen Pfief anbietet. Das heißt nur, dass er bereit ist, in dein Seidel auch einen großzügig abgeschätzten Schoppen einzufüllen.

❼ Frage nie danach, ob der Wirt auch dieses oder jenes Industriebier ausschenkt. Du wirst mit Sicherheit rausfliegen.

❽ Versuche nie, mit EC-Karte oder einer anderen bargeldlosen Methode zu zahlen. Erstens sind Getränke und Brotzeiten so billig, dass sich das nicht lohnt, und zweitens kommt Plastikgeld in einer Zoiglstube einem Gesetzesverstoß gleich.

❾ Denke immer daran, dass im Kommunbier keine künstlichen Stoffe sind, die es lange haltbar machen. Wer zum Zoigl geht, hat also die moralische Verpflichtung, dem Wirt beim Vernichten seines Gebräus zu helfen. Es wird dir keiner übel nehmen, wenn du mehr trinkst, als du eigentlich verträgst.

❿ Frage vor dem Besuch in einer Zoiglstube nie den Arzt oder Apotheker um Rat. Sie werden mit Sicherheit davon abraten, weil sie Angst haben, selbst keinen Platz mehr zu ergattern.

Bierverhunzer und Teufelsbrauer

Geschichte des Oberpfälzer Zoigls

Der echte Zoigl ist ein naturtrübes, untergäriges und unfiltriertes Bier, das nach alten Braumethoden ohne Pasteurisierung oder gar künstliche Zusatzstoffe, die das Bier haltbarer machen, nach dem Bayerischen Reinheitsgebot hergestellt wird. Zu Hause ist er im Oberpfälzer Wald. Die Brauhäuser, in denen dort die Würze für den Gerstensaft gekocht und gehopft wird, ähneln mehr Biermuseen denn modernen Wirtschaftsbetrieben. Die Arbeitsabläufe sind noch so wie vor hundert Jahren. Uralt ist auch die Tradition, dass der Sud schon nach einem Tag die gemeinschaftliche Brauerei verlässt. Um die Gärung und Reife kümmern sich die Bierrechtler in den eigenen Kellern selbst. Das führt dazu, dass jeder Zoigl ein bisschen anders schmeckt. Wenn das Bier reif ist, hängen die brauberechtigten Bürger einen Stern, einen Buschen oder ein anderes Schankzeichen vor die Tür. Sie zeigen damit an, dass sie frisches Bier zapfen. Von diesem „Zeigel" leitet sich auch der Name der regionalen Spezialität ab.

Im Oberpfälzer Zoigl steckte schon immer viel Herzblut. In Eschenbach brachten Frauen die im Kommunbrauhaus gekochte Würze sogar zu Fuß in Buckelkraxen zu den Gärkellern.

In vielen Orten zeigte der Bierstern nicht nur den Ausschank, sondern wie dieses alte Schankzeichen aus der Stadt Eschenbach auch das Handwerk des Hausbesitzers an. Der Zoiglstern des Lenzerschmieds hängt heute im Laubenschusterhaus.

Diese Abstammung ist ein wichtiger Hinweis darauf, was den neu entfachten Oberpfälzer Kult wirklich ausmacht. Zoigl lässt sich nicht auf Bier reduzieren. Daran ändert auch nichts, dass viele Brauereien mittlerweile unfiltriertes helles, bernsteinfarbenes oder dunkles Bier als Zoigl in Flaschen und Fässer abfüllen und damit in Wirtshäusern und Getränkemärkten gute Geschäfte machen. Sicher, der Gerstensaft ist das Wichtigste. Ohne die deftigen Hausmacherbrotzeiten, die urigen Stuben, die Originale an den Tresen und Tischen, die Geselligkeit sowie das einzigartige Preis-Leistungs-Verhältnis wäre Zoigl jedoch ein durchaus hochwertiges, aber doch ganz normales Keller- oder Zwickelbier. Erst das Drumherum macht das Getränk aus Wasser, Malz, Hopfen und Hefe zum Kult. So wie die Südtiroler im Herbst zum Törggelen und die Österreicher zum Heurigen gehen, um jungen Wein zu verkosten, so gehen die Oberpfälzer zum Zoigl, um das frische Bier zu probieren.

Na ja, probieren ist eigentlich nicht ganz richtig. Die Bayern an sich und die Oberpfälzer im Besonderen sind sehr hartnäckig, standfest und haben Sitzfleisch. Manch einer ist so schnell nicht wieder zum Gehen zu bewegen, wenn er erst einmal hockt. So endete der Zoigl in einem Haus erst, wenn das letzte Fass leer war. Anschließend ging es oft gleich beim Nachbarn weiter.

Auch heute noch wechseln sich die Wirte ab. Allerdings schenkt ein Brauer meist nicht mehr wie früher drei, vier Wochen lang Bier aus, sondern nur mehr drei, vier Tage. Dafür kommt das Bierkarussell nicht mehr zur Ruhe. Es gibt den Hopfentrunk dank moderner Kühltechnik und Lagerhaltung das ganze Jahr, was die Herzen vieler Bierliebhaber höherschlagen lässt.

Deftige Brotzeiten und historische Häuser

Typisch für den Zoigl sind auch die deftigen Hausmacherbrotzeiten, die auf eigene Schlachtungen zurückgehen. Während die Kommunbrauer ihr Bier wirklich noch selbst herstellen, hat die moderne EU-Gesetzgebung die Schlachtungen stark eingeschränkt. Nur noch wenige Wirte haben die Möglichkeit dazu. Eine eigene Kuchl zum Verwursten der Zutaten trifft man noch öfter an.

Typische Zoiglstuben befinden sich meist in alten Häusern am oder in unmittelbarer Nähe des Stadt- oder Marktplatzes. Dies hat einen einfachen Grund: Das Königreich Bayern verfügte Anfang des 19. Jahrhunderts, dass das Braurecht nicht neu verliehen werden dürfe. Von da an konnten nur mehr die Bewohner der alten Anwesen Zoigl herstellen. Neu gebaute Häuser in den Siedlungen bekamen kein Bierrecht. Ein weiteres typisches Kennzeichen sind die günstigen Preise für Bier und Brotzeit. Es ist durchaus möglich, mit fünf, sechs Euro satt den Heimweg anzutreten. Mindestens genauso wichtig wie der Verdienst ist einem richtigen Zoiglwirt, dass es den Gästen schmeckt und sie rundum zufrieden und glücklich das Haus verlassen. Dazu kommen besondere Schmankerln auf den Tisch. Diese erinnern daran, dass früher fast nur gute Freunde, Verwandte und Geschäftspartner kamen, um das Hausbier zu kosten. Dies erklärt auch das Du in den Schankstuben sowie die Sing- und Musizierfreudigkeit der Gäste.

Hungrig geht vom Zoigl keiner nach Hause. Zum selbst gebrauten Bier gibt es, wie hier bei Hermine Popp vom „Gloser“, deftige Hausmacherbrotzeiten.

Beim Zoigl ist man zu Gast bei Freunden. ZOIGL könnte also auch als Abkürzung für „Zünftige Oberpfälzer idealismusgeprägte Gastlichkeit und Lebensart" stehen. Und die erlebt man mit Sicherheit nicht in einer Schankstube, die ständig geöffnet ist, in der Zoigl genauso viel wie das Bier im Gasthof um die Ecke kostet und Schnitzel mit Pommes auf der Speisenkarte stehen.

Die zunehmende Begeisterung für den Oberpfälzer Haustrunk bringt es mit sich, dass das Original immer mehr verfälscht wird. Doch da Zoigl (bislang) weder als einheitliche Biermarke noch als Tradition geschützt wurde, ist erlaubt, was gefällt. Jeder muss also selbst entscheiden, wie viel Zoigl er wirklich erleben will.

Noch ein Tipp: Die schönste Atmosphäre herrscht meist dort, wo eine Wirtschaft aus mehreren Stuben, liebevoll eingerichtet und nicht allzu groß, besteht. Und das kommt dem historischen Vorbild auch am nächsten. Schließlich machten die Bierrechtler früher in der guten Stube ihr Fass auf und brachten die Gäste, wenn der Andrang besonders groß war, anschließend auch in anderen Zimmern des Hauses unter.

Brauch älter als das Reinheitsgebot

Die Zoigl- und Kommunbrautradition in der Oberpfalz ist viel älter als das Bayerische Reinheitsgebot, und das will was heißen. Die Vorschriften von Herzog Wilhelm IV. vom 23. April 1516 gelten immerhin als das älteste Lebensmittelgesetz der Welt. Der Herzog verfügte damals, *„wie das Bier Sommer wie Winter auf dem Land soll ausgeschenkt und gebraut werden"*. Im Gebot ist weiter nachzulesen: *„Ganz besonders wollen wir, dass forthin allenthalben in unseren Städten und Märkten und auf dem Lande zu keinem Bier mehr Stücke als allein Gersten, Hopfen und Wasser verwendet und gebraucht werden sollen."* Das Reinheitsgebot war keine Erfindung des Herzogs. Schon vorher gab es ähnliche Verordnungen auf örtlicher Ebene. In München hatten die Stadträte bereits 1447 von den Brauern verlangt: *„Item sie sullen auch pir sieden und prewen nur allen von gersten, hopfen und wasser und sonst nichts darein oder darunter tun oder man straffe es fuer valsch"*.

Auch aus der Oberpfalz ist aus dieser Zeit eine Brauordnung überliefert. Da der in Regensburg als Bierkontrolleur eingesetzte Stadtmedikus Konrad Megenwart immer wieder über die schlechte Qualität des Gebräus klagte, mussten die Brauer ab 1453 schwören, dass sie für ihr Bier *„weder Samen noch Gewürz oder Gestrüpp"* und dergleichen verwenden. Auch *„Glattwasser"* war von da an verboten. Dabei handelte es sich um einen kaum genießbaren Abguss von den letzten Resten der Maische. Die Hefe fehlt in all diesen Urkunden. Sie war damals noch unbekannt. Es war dem Zufall überlassen, ob Hefe in den Sud gelangte und das Bier zum Gären brachte. Einige Zoiglwirte sind der festen Überzeugung, dass diese „wilde Hefe" der eigentliche Namensgeber für ihr Kommunbier ist. Die weißbeige Masse habe keinen Namen gehabt und sei deshalb als „dös Zeich" tituliert worden. Daraus habe sich dann „der Zoigl" entwickelt, so glauben sie, was aber eine Urkunde aus dem Neustädter Stadtarchiv widerlegt.

Viele Bierpanscher und -verhunzer waren der Grund dafür, im Reinheitsgebot die Zutaten für den Gerstensaft vorzuschreiben. Glaubt man alten Grabsprüchen, so hat manch einer die schlechte Qualität des Bieres gar mit dem Leben bezahlt. So steht zum Beispiel auf einem Gedenkstein in Oberbayern zu lesen:

„Hier ruht der Brauer Sepp,
Gott Gnad für Recht ihm geb.
Denn viele hat, was er gemacht,
frühzeitig in das Grab gebracht.
Da liegt er nun, der Bierverhunzer,
bet, o Christ, fünf Vaterunser."

Schafferhofwirt Reinhard Fütterer zieht die Hefe für die Gärung des Zoiglbiers auf.

Erste urkundliche Zoigl-Erwähnung

Erstmals urkundlich erwähnt ist der Begriff „Zoigl" in einer Urkunde aus dem Jahre 1508, die im Stadtarchiv in Neustadt a. d. Waldnaab aufbewahrt wird. Es handelt sich dabei um einen von Sebastian Pflug von Rabenstein gezeichneten und besiegelten Vertrag zwischen der Stadt Neustadt und dem Hammer Harlesberg, der einen Bierstreit zwischen den für den Eigenbedarf brauberechtigten Hammerherren und den brau- und schankberechtigten Bierrechtlern der Stadt schlichten sollte.

Die Neustädter Kommunbrauer waren aufgebracht, weil der Hammerbesitzer sein Bier nicht nur für sich und das eigene Gesinde herstellte, sondern durch das Hinaushängen des Zoiglsterns auch andere Gäste zur Einkehr einlud und bewirtete. Überdies stieß den Kommunbrauern auf, dass er Fleisch, Brot und andere Sachen nicht in Neustadt, sondern andernorts einkaufe. Wörtlich heißt es darin: *„... daß gemeiner stath ein mercklich abpruch were, darauif sprichch ich des Stucks, daß dj hammermeister zum harlasperg, zimlicher weise fur sy und Ir hausgesinde, und dem hammer anwanden schencken mogenn [mogen], aber nit mit offen Zaigel, da mit es denn [denen] von der neustath keinen nachtail bringe ..."* Er durfte also weiter ausschenken, aber kein Bierzeichen mehr hinaushängen. Heute würde man sagen, er wurde vom Zoiglwirt zum reinen Hausbrauer „degradiert".

Die Urkunde ist auch der eindeutige Beweis dafür, dass sich der Begriff „Zoigl" vom Schankzeichen ableitet und nicht, wie von einigen Brauern behauptet, von der gärenden Hefe.

Ochsengalle und Froschschenkel

Das Bier, das vor fünfhundert Jahren gebraut wurde, hatte mit dem heutigen Zoigl wenig gemein. Nicht nur Hirse, Bohnen und Erbsen, sondern auch Pech, Asche, Krautsamen, Muskatnüsse, Salz, Kümmel, Fichtennadeln und anderes Zeug landeten im Sudkessel. Ja sogar vor Ochsengalle, Froschschenkeln und Fischblasen schreckten die Brauer nicht zurück. In den Sudhäusern ging es manchmal zu wie in einer Hexenküche. Da ist es wohl kein Zufall, dass der sechszackige Stern der Bierbrauer und -schenker gleichzeitig das Zeichen der Alchimisten war. Gutes Bier war Glückssache, da die Brauer nach dem Prinzip „Versuch und Irrtum" vorgingen.

Lange nicht erklären konnte man sich, warum Bäckern fast jeder Sud gelang, während andere Handwerker regelmäßig den Zoigl wegschütten mussten. Grund dafür war die Hefe, die erst im 17. Jahrhundert entdeckt und als entscheidender Faktor des Brauwesens erkannt wurde. In den Bäckerhäusern waren auch vorher immer genug Hefepartikel durch die Luft geschwirrt, die das Bier zum Gären brachten.

Der Zoiglstern ist keine Oberpfälzer Erfindung, sondern hat sich aus einem weit verbreiteten Zunftzeichen entwickelt. Der Bierstern wird nach dem griechischen Wort für Sechseck auch als Hexagramm bezeichnet. Das aufrecht stehende Dreieck symbolisierte ursprünglich das Feuer, das andere stand für das Wasser, was zusammen gelesen also „Feuerwasser" ergibt. Die Brauer und Mälzer deuteten bald jeden Zacken als eigenes Symbol. Zu den genannten Elementen kamen die Luft, welche die noch unbekannte Hefe her-

Der Brauch, einen Bierstern vor das Haus zu hängen, ist viele Jahrhunderte alt. Die älteste Darstellung stammt aus der Zeit um 1430 und zeigt den Brauer Herttel, der damals im Mendel'schen Bruderhaus in Nürnberg lebte.

antrug, und die Erde, auf der das Getreide für das Malz und der Hopfen heranwachsen.

Die Menschen im Mittelalter glaubten auch, dass das Hexagramm vor Feuer und Dämonen schütze. Angesichts der vielen Brände, die in Brau- und Malzhäusern ausgebrochen sind, ist dies ein weiterer möglicher Ansatzpunkt für die Verwendung als Braustern. Mit dem jüdischen Davidstern hat das Zoiglzeichen sicher nichts zu tun. Trotzdem sei der Vollständigkeit halber darauf hingewiesen, dass nach der Legende David beim Kampf gegen Goliath einen sternförmigen Schild getragen haben soll. Eine weitere Quelle für das Hexagramm in der israelischen Flagge ist die Erzählung, nach der König Salomon einen Ring mit Stern besessen hatte, mit dem er Dämonen und Geister bezwingen konnte.

Älteste Darstellung des Biersterns

Das älteste bekannte Bild des Hexagramms als Bierstern stammt aus der Zeit um 1430. Es handelt sich um eine Darstellung im Buch des Mendel'schen Bruderhauses in Nürnberg. Darin sind alle Bewohner der klosterähnlichen Einrichtung in Wort und Bild festgehalten. Der Brauer Herttel ist zu sehen, wie er den Sud über dem Holzfeuer umrührt. Über ihm hängt an einer Stange der typische Bierstern aus zwei ineinander verschlungenen, gleichschenkeligen Dreiecken. Solche Symbole waren früher ungemein wichtig, da die meisten Leute weder lesen noch schreiben konnten. Nach einigen Quellen war sogar die Farbe des Biersterns von Bedeutung. Ein rot gestrichener Zeiger soll den Ausschank von dunklem Bier angezeigt haben, ein heller Stern stand für das Getränk aus „Weißen Brauhäusern". Wenn es diesen Brauch auch in der Oberpfalz gab, ist er schon lange in Vergessenheit geraten. Heute spielt die Farbe keinerlei Rolle.

Zoigl von A bis Z

Bierkieser: ein ehrenamtlich bestellter Lebensmittelkontrolleur, der früher das Bier vorkosten musste, bevor es ausgeschenkt werden durfte.

Bierpaddel: ein riesiger Holzlöffel, mit dem das Bier im Sudkessel umgerührt wurde.

Kesselgeld: ein Obolus, den die Kommunbrauer bei jeder Nutzung des Brauhauses zum Unterhalt abgeben müssen.

Koufn: ein Holzbottich für den Transport der Würze vom Kommunbrauhaus zu den Gärkellern der Zoiglwirte.

Pichen: Begriff aus der Zeit der Holzfässer. Die Fässer wurden mit Pech ausgegossen, um alle Poren und Ritzen zu schließen. Das Pech machte die Fässer nicht nur dicht, sondern erleichterte durch die glatte Fläche auch die Reinigung.

Treber: Malzrückstände, die nach dem Abfließen der Würze im Läuterbottich bleiben. Sie werden als nahrhaftes Futter in der Viehhaltung verwendet.

Kohlensäure: Hält nicht nur das Bier frisch, sondern hilft als Druckmittel, das Bier wieder aus dem Fass zu bekommen. Dieses Verfahren wurde 1880 patentiert.

Gärtank: Hat den Platz der Gärbottiche eingenommen. Aus den Tanks kann die Kohlensäure nicht mehr ungehindert entweichen.

In den Kommunbrauhäusern ist die Zeit stehengeblieben. Die Tatsache, dass die Braustätten gemeinsam unterhalten werden müssen, hat dazu geführt, dass Innovationen oft nicht umgesetzt und Investitionen lange aufgeschoben worden sind. Hier ein Blick in das Kommunbrauhaus Falkenberg. Die alte Zahnradtechnik wird noch von Riemen angetrieben. Im Hintergrund ist das offene Kühlschiff zu sehen.

Bierverhunzer gehen auf Burgruine um

Nach einer Sage erleiden die Oberpfälzer Bierverhunzer gemeinsam auf der Burgruine Stockenfels im Landkreis Schwandorf hoch über dem Regen furchtbare Qualen für ihr Tun. Bis zum Jüngsten Gericht müssen Brauer, die schlechtes Bier gemacht haben, sowie Wirte und Kellnerinnen, die Bier verwässert oder schlecht eingeschenkt haben, in der Nähe von Fischbach umgehen.

Es gab viele Möglichkeiten, zum Biergespenst zu werden. Im Betrugslexikon des Coburger Juristen, Polizeirats und Obervormundschaftsrats Georg Paul Hönn (1662 bis 1747) ist nachzulesen, dass Wirte nicht nur Bier verwässert, sondern den Gärprozess auch mit Salz und Buchenasche beeinflusst haben. Sie haben verdorbenes Bier mit Asche, Schafdärmen und Kreide wieder aufgepäppelt und abgestandenes Bier unter das frische gemischt. Er prangert auch an, dass weit nach Mitternacht, an Bußtagen und unter Gottesdiensten Bier ausgeschenkt werde. Findige Wirte sollen zu fortgeschrittener Stunde sogar die Kreide so präpariert haben, dass sie beim Anstreichen auf der Tafel immer zwei statt einen Strich machte. Sie alle müssen auf der Ruine Stockenfels büßen. Die einen müssen das eigene Gebräu vernichten, andere aus dem Burgbrunnen Wasser schöpfen, eine Geisterkette bilden und die Eimer auf einer Leiter weit hinauf in den Nachthimmel reichen. Von dort fließt es sofort wieder in den Brunnen zurück. Jedes Seidel miserables Bier wird gnadenlos abgerechnet: Tantalusqualen und Sisyphusarbeit nach Oberpfälzer Lebensart sozusagen.

Wem solch ein Nervenkitzel Vergnügen bereitet, der sollte sich die Termine der Nittenauer Geisterwanderung vormerken, die zur im Wald versteckten Burgruine führt. Zu erreichen ist das alte Gemäuer über die Ausfahrt Teublitz der A 93 Weiden–Regensburg. Nach etwa zwei Kilometern in Richtung Bruck kommt ein Parkplatz, von dem ein ausgeschilderter Wanderweg zur Ruine lotst. Die alte Burg ist in Privatbesitz und von Mai bis Oktober regelmäßig für Besucher geöffnet. Einem Zoiglpanscher begegneten auch die Teilnehmer einer Sagenwanderung durch das wildromantische Waldnaabtal zwischen Falkenberg und Windischeschenbach. Bei bizarren Felstürmen und faszinierenden Strudellöchern, die von der Kraft des Wassers künden, trafen die Wanderer auf den Braumeister der versunkenen Burg von Schwarzenschwal. Der verteidigte seinen schlechten Zoigl mit folgenden Worten als Liebeselixier:

> *„... Es wissen die gescheiten Herrn,*
> *dass Fraun durch Zoigl schöner wern ...*
> *Trink fünf Liter Zoiglbier,*
> *dann vergeht der Hoigl dir!*
> *Sie wird dir wie ein Engel sein,*
> *das macht der Zoigl ganz allein."*

Verfasst hat die Spielvorlage übrigens der Windischeschenbacher Bierliebhaber und Sägewerker Hannes Rupprecht. Jede Inszenierung endete bei der Blockhütte, einem Wirtshaus mit wunderschönem Biergarten inmitten des Naturschutzgebiets. Natürlich gibt es auch dort Zoigl. Allerdings stammt der nicht von der Burg Schwarzenschwal oder aus einem Kommunbrauhaus, sondern aus einer normalen Brauerei.

Der Zoigl ist für das Waldnaabtal ungemein wichtig. Logisch, dass auch bei den Sagenwanderungen ein Zoiglbrauer aus der versunkenen Burg Schwarzenschwal den Weg kreuzte (rechts unten).

Ein schaurig-schönes Schauspiel sind die Nittenauer Geisterwanderungen zur Burg Stockenfels. Jeder Krug schlechten Bieres wird dort gnadenlos abgerechnet.

Hausbrauer gehen in den Untergrund

Auch in das alte Kemnather Kommunbrauhaus ist der Zoigl zurückgekehrt. Allerdings wird dort nicht mehr Bier gebraut, sondern ausgeschenkt.

Als es noch keine Kühlgeräte gab, lagerten die Hausbrauer das Bier in Felsenkellern. Bis zu vierzig Meter tief trieben die Bürger die Röhren in das Oberpfälzer Gestein. Auch das Schwandorfer Felsenkellerlabyrinth (Bild) ist so entstanden.

Braurecht ein besonderes Privileg

Selbst gemachtes Bier war früher keine Besonderheit, sondern die Normalität. Die Tradition, gemeinsam zu brauen und aus dem Ausschank ein verbrieftes Recht zu machen, entstand in der Oberpfalz im Mittelalter mit der Verleihung von Stadt- und Marktprivilegien. Kaiser Friedrich II. überließ im Jahr 1250 Regensburg das Braurecht. Viele weitere Orte folgten. Meist war das Bierprivileg in den Stadt- und Marktrechten enthalten. In Nabburg ist es 1269 erstmals urkundlich festgehalten. In Tirschenreuth ist das Braurecht in der Urkunde aus dem Jahr 1364 erwähnt, mit der Abt Johann V. aus Waldsassen den Markt zur Stadt erhob. Auch die Amberger, für ihr gutes Bier bekannt, hatten vermutlich schon vor 1373 das Braurecht. Ab wann die Weidener Bier sieden durften, ist leider nicht nachzuvollziehen. Die erste urkundliche Erwähnung datiert erst aus Niederschriften über einen Bierstreit aus dem Jahr 1523.

Dieses Dokument ist auch ein Hinweis darauf, dass in größeren Städten wie Weiden und Amberg das Kommunbrauwesen eine besondere Entwicklung genommen hat. Da die Kapazitäten in den Brauhäusern nicht mehr ausreichten, wurde das Recht dort frühzeitig eingeschränkt, und die Biermenge limitiert. So ist in der ersten urkundlichen Erwähnung des Weidener Braurechts festgelegt, dass die Vorstädter nur halb so viel wie die Bürger der Altstadt brauen durften. In Amberg wurde die Biermenge vom Wert des Hauses abhängig gemacht. Später durften die Bürger dort mit staatlicher Erlaubnis sogar in den Privatbrauereien Bier herstellen. Dies war auch in anderen Oberpfälzer Orten der Fall. Das Kommunbrauwesen ist dabei eine Besonderheit, die sich so in Bayern nur in der Oberpfalz, in Teilen Frankens und in kleinen Bereichen Niederbayerns entwickelt hat. Der Grund für diesen Sonderweg war wohl, dass hier das Zunftwesen nicht so ausgeprägt und einflussreich war wie in Altbayern.

War das Schank- und Braurecht anfangs ein ganz besonderes Privileg, ging die Obrigkeit später recht großzügig damit um, da die Bierherstellung und der Verkauf meist mit Abgaben verbunden waren. Das Ungeld, eine Art Getränkesteuer, gehörte zu den besten und zuverlässigsten Einnahmequellen des ausgehenden Mittelalters. Schließlich war Bier ein Grundnahrungsmittel. Die Kartoffel wurde erst im 16. Jahrhundert entdeckt, und Kaffee war ebenfalls noch unbekannt. Brot und Bier kamen täglich auf den Tisch. Die Biersuppe ist ein Relikt aus dieser Zeit. Ursprünglich war das Brauen reine Frauensache. In manchen Gegenden gehörte ein Sudkessel gar zur Mitgift einer guten Hochzeiterin. Als die Bürger begannen, gemeinschaftliche Brauhäuser zu errichten, änderte sich dies. Ein Grund für die Entstehung der Kommunbrauhäuser waren neben der besseren Qualität und der größeren Mengen, die dort hergestellt werden konnten, auch die vielen verheerenden Brände, die beim Mälzen und Würzekochen ausbrachen. Zudem konnte die Obrigkeit nur so das Brauwesen kontrollieren und Abgaben einfordern. Auch klimatische Veränderungen hatten von 1400 bis 1600 Einfluss auf die Verbreitung des Gerstensafts. Der Anbau von Wein lohnte sich in der Nordoberpfalz nicht mehr. Und dann kam auch noch der Dreißigjährige Krieg (1618 bis 1648), der viele Weingärten verwüstete.

Nicht nur weltliche Landesherren, auch klösterliche Herrschaften und Bischöfe verdienten gut an diesem Wirtschaftszweig. Das Kloster Waldsassen spielte bei der Verbreitung des Zoigls eine wichtige Rolle. Die Äbte haben nicht nur die Karpfenzucht gefördert und das Stiftland zum „Land der tausend Teiche" gemacht, sondern auch viele Braurechte verliehen. 1467 bekamen zum Beispiel die Bürger von Falkenberg von Abt Nikolaus IV. von Waldsassen diese Vergünstigung. Ein Jahr später gewährte der gleiche Klosterobere auch Konnersreuth dieses Privileg. 1615 erlaubte Abt Andreas von Waldsassen den Mitterteichern das Bierbrauen. Er befreite die Einwohner sogar von den üblichen Abgaben.

Der erste der verbliebenen Kommunbrauorte, der Bier sieden durften, war der heutige Windischeschenbacher Stadtteil Neuhaus. Landgraf Johann III. von Leuchtenberg hat den Bürgern dieses Privileg 1415 mit den Marktrechten zuerkannt. Die Einwohner im Nachbarort Windischeschenbach mussten auf dieses Recht vierzig Jahre länger warten.

Bier ein wichtiges Zusatzeinkommen

Für die Oberpfälzer war das Braurecht enorm wichtig, da es eine Möglichkeit bot, das karge Einkommen aufzubessern. Die Stadtbewohner in der Region waren meist Ackerbürger, die neben einem Handwerk eine Landwirtschaft betrieben. Durch die Herstellung des „braunen Biers" konnten sie ihr Getreide direkt vermarkten, veredeln und damit Gastwirtschaften und die Landbevölkerung beliefern, die kein Bier herstellen durften. Wichtig war auch, dass die beim Brauen anfallenden Hopfen- und eiweißreichen Malzrückstände in den Trögen der Ställe landeten und im Winter die Fütterung des Viehs erleichterten. Das Braurecht konnte einzelnen Bürgern auch wieder entzogen werden, so geschehen im Jahre 1578 in Moosbach. Der Hammermeister aus Altentreswitz durfte selbst kein Bier mehr sieden, da er *„Moosbach keinen Nutzen"* bringe, klagten die Einwohner. Nicht einmal Fleisch und Brot kaufe er im Ort.

Wie wichtig das Biermonopol war, zeigen zahlreiche Auseinandersetzungen und Kämpfe um das Recht. Viele Chroniken künden von Bier- und Kesselkriegen. Sie mündeten meist darin, dass die brauberechtigten Bürger *„feindliches Bier"* austranken oder die Fässer zerschlugen und den Inhalt versickern ließen. Einen dieser Bierkriege zwischen Bärnau und dem Umland hat die deutsch-tschechische Theatergruppe als zwanzigminütige Episode vor einigen Jahren auf die Bühne gebracht.

Es war genau geregelt, wer von wem Bier abnehmen musste, wenn der Gerstensaft zur Neige ging. So waren zum Beispiel die Mitterteicher Kommunbrauer verpflichtet, Bier aus Tirschenreuth zu beziehen, wenn das eigene verbraucht war. Dies geht aus einem an das Kloster Waldsassen gerichteten Beschwerdebrief aus dem Jahr 1716 hervor.

Mitterteich wiederum war das Recht zugestanden worden, Wiesau und andere Orte des Gerichtsbezirks zu versorgen, was einen Wiesauer Wirt auf die Palme brachte. Denn damals gab es viel größere Qualitätsunterschiede als heute. Dies war nicht nur auf die hygienischen Verhältnisse zurückzuführen. Aufgrund der Monopolstellung nahmen die Städter gerne sauer gewordenes Bier *„unter den Reifen"* und karrten es in die abnahmepflichtigen Orte. Die Obrigkeit übte teilweise sogar einen Brauzwang auf die Bürger aus, damit immer genügend Bier da war.

Viele Chroniken erzählen von Bier- und Kesselkriegen. Einen solchen Zwist hat die deutsch-tschechische Theatergruppe in Bärnau im Jahr 2004 auf die Bühne gebracht.

Untergärige Brauweise setzt sich durch

Heute wie damals reift der echte Zoigl nicht in der Brauerei, sondern in den Kellern der Kommunbrauer heran. Allerdings gärt das Bier nicht mehr, wie auf diesem Bild aus Neuhaus, in alten Holzbottichen, sondern viel hygienischer in modernen Edelstahlwannen. Dies wirkt sich positiv auf die Qualität aus.

Gebraut wurde das „braune Bier" lange obergärig. Erst Ende des 15. Jahrhunderts entdeckten die Bürger die Vorzüge der untergärigen Herstellung. Dadurch entstand der Zoigl, so wie wir ihn heute kennen. Um dieses Bier gären zu können, bedurfte es geeigneter Räumlichkeiten mit einer konstant kühlen Temperatur. Dieses Problem lösten die Bürger durch den Bau von Felsenkellern, die mit einer gleichbleibenden Temperatur von acht bis neun Grad ideal für die Gärung und Lagerung waren.

Bis zu vierzig Meter tief trieben die brauenden Bürger die Röhren durch Granit, Gneis, Sandstein und sogar Basalt. Davor pflanzten die Besitzer oft großkronige Laubbäume wie Ahorn, Buche und Kastanie. Diese beschatteten die Eingänge im Sommer und hielten die Hitze zurück. Auf diesen Brauch geht die Biergartentradition zurück. Denn am besten war der Gerstensaft frisch aus dem Gärkeller. Also wurde er oft direkt vor der Kellertür ausgeschenkt. Für die Biererzeugung sind die meisten „Höhlen" schon lange bedeutungslos. Sie sind nicht nur Baudenkmäler, sondern auch ein wichtiges Winterquartier für Fledermäuse, Erdkröten und Feuersalamander. Solche Fledermaus-„Bierhöhlen" gibt es unter anderem noch in den früheren Kommunbrauorten Waidhaus, Eschenbach, Kohlberg, Pressath und Neustadt am Kulm. In Moosbach und in Luhe im Landkreis Neustadt a. d. Waldnaab sind sogar Hohlwege mit jeweils etwa einem Dutzend solcher Keller erhalten. Einem Bierkeller ist es auch zu verdanken, dass Wissenschaftler herausgefunden haben, dass der Parkstein einst wirklich ein Feuer speiender Vulkan war. Bei Sanierungsarbeiten fanden Vulkanologen Gesteinseinschlüsse, die den Ausbruch bewiesen. In der Oberpfalz liegt halt nicht im Wein, sondern im Bier die Wahrheit.

Das Schwandorfer Felsenkellersystem

Die Umstellung der Brauweise war auch der Grund für die Anlage der Schwandorfer Felsenkeller, des umfangreichsten und wohl auch ältesten Bierkellersystems in der Oberpfalz. Die Schwandorfer waren mit die ersten Kommunbrauer, die von oder oberen warmen auf die untere kalte Gärung umstellten. Das erleichterte nicht nur den Brauvorgang, sondern das Bier war auch länger haltbar. Doch für den neuen Gärprozess waren dauerhafte Temperaturen von höchstens zehn Grad erforderlich. Mit acht bis neun Grad boten Felsenkeller ideale Gär- und Lagerbedingungen. Es ist sogar noch ein altes Schwandorfer Bierrezept aus dem Jahr 1549 erhalten, das die Theorie von der Umstellung und den Bau der ersten Keller im Jahre 1521 belegt.

Über hundertdreißig Hohlräume sind vom Ende des 15. bis ins frühe 20. Jahrhundert mit einfachsten Mitteln angelegt worden. Dass die Schwandorfer hier besonders eifrig waren, liegt zum einen an den vielen Brauberechtigten und zum anderen am guten Ruf des Schwandorfer Kommunbiers. Der Felsenkellerbeauftragte der Stadt, Werner Robold (M. A.), hat die Geschichte der Keller umfassend erforscht und festgestellt, dass das Bier bis nach Regensburg und Nabburg „exportiert" worden ist. Das Brauen war neben der Landwirtschaft und der Fischerei eines der wichtigsten Gewerbe in Schwandorf. 1727 sind in alten Rechnungen achtundsechzig Felsenkeller erwähnt. Die Zahl der brauberechtigten Bürger war sogar noch etwas höher. Den Vertrag für die Veräußerung der städtischen Brauhäuser unterschrieben 1812 dreiundachtzig Bürger.

Viele Keller hat die Stadt vor dem Verfall bewahrt und saniert. Im als Baudenkmal geschützten Labyrinth an der Fronberger Straße gibt es regelmäßig Führungen und kulturelle Veranstaltungen. Die Besucher erleben nicht nur Rock und Theater unter Tage, sondern erfahren auch, dass der Schwandorfer Zoigl einen sehr guten Ruf hatte, dass die Bierkeller während des Zweiten Weltkriegs Tausenden Menschen das Leben gerettet haben und dass Kellerdiebe dort ihr Unwesen trieben. Sie waren auch die „Schöpfer" des heutigen Höhlensystems. Als das gemeinsame Brauen nach dem Ersten Weltkrieg ganz aufgegeben wurde, nutzten die Bürger ihre Keller als Lagerort für Speisen. Besonders vor Festtagen war der Tisch dort reich gedeckt. 1931/32 drangen deshalb Diebe ein. Bei ihren Plünderungen rissen sie Abmauerungen nieder und gruben neue Querverbindungen.

Eine Touristenattraktion ist heute das Schwandorfer Felsenkellerlabyrinth. Die Gänge wurden vor Jahrhunderten angelegt, um darin Bier zu lagern.

Früher war der Hopfenanbau in der Oberpfalz weit verbreitet. Im Freilandmuseum Neusath-Perschen bei Nabburg werden die Dolden mittlerweile wieder geerntet.

Von Bedeutung für die Entwicklung der Biertradition war auch ein herzoglicher Erlass aus dem Jahr 1553, der in den bayerischen Landgebieten die Brauperiode auf die kalten Monate zwischen Michaeli (29. September) und Georgi (23. April) beschränkte. In der kalten Jahreszeit waren die Rahmenbedingungen für das Brauen viel besser als im Sommer. Die Vorschrift sollte verhindern, dass wertvolle Rohstoffe durch misslungenes Bier vergeudet wurden. Es entwickelte sich von da an ein Unterschied zwischen Winter- und Sommerbier. Die letzten Sude für den Sommer wurden stärker gebraut, um das Getränk haltbarer zu machen. Darauf geht auch das Märzen zurück, das für die warmen Monate eingemaischt wurde.

Bauern zum Hopfenanbau gezwungen

Die Winterbrau-Vorschrift setzte sich auch in der Oberpfalz durch. Um das Bier im Sommer länger lagern zu können, brauchten die Brauer mehr Hopfen, der das Bier haltbarer machte. Zeitweise wurden Landwirte sogar zum Anbau der Dolden gezwungen. Kurfürst Max III. Josef verfügte 1750, dass *„bei jedem ganzen Hofe zweiunddreißig, bei jedem Halbhofe sechzehn und bei jedem Viertelhof sechs Hopfenstöcke"* zu pflanzen seien. Jede fehlende Hopfenpflanze wurde mit fünfzehn Kreuzern Strafe belegt. Es entstanden in der Folgezeit in der Oberpfalz so viele Hopfengärten, dass aus dem Herzogtum Sulzbach sogar Dolden nach Böhmen exportiert werden konnten. Es gab auch drei Hopfenmärkte im Regierungsbezirk: in Neumarkt, Amberg und Regensburg. Aus Neustadt a. d. Waldnaab ist überliefert, dass 1788 und 1789 in den Hopfengärten des Klosters zwei beziehungsweise vier Zentner Dolden geerntet worden waren. Zwei Jahrzehnte vorher hatten die Patres die Anbaufläche deutlich erhöht, weil Musikanten nach einem Amt zu Ehren des heiligen Antonius von Padua dem Freibier so sehr zugesprochen hatten, dass der Biervorrat vorzeitig zur Neige gegangen war. 1803 wurden allein in den Vohenstraußer Kirchenwaldungen sechshundert neue Stangen für den Hopfenanbau geschlagen.

Zur Blütezeit im Jahr 1893 betrug die Oberpfälzer Anbaufläche fast tausendsiebenhundert Hektar. Hochburgen des Anbaus waren Thansüß und Schmidmühlen. Aus Thansüß ist eine Flurkarte erhalten, in der rund hundert Hopfengärten eingezeichnet sind. In Schmidmühlen erinnern noch viele stattliche Bürgerhäuser im

Ortszentrum an die Tradition. Hinter den Giebeln versteckten sich Böden zum Trocknen der Dolden. Mehrere Türen zum Lüften verraten diese einstige Nutzung. Hopfen wurzelt tief und wächst am besten dort, wo die Wärme für Wein nicht mehr ausreicht. Außerdem ist der Anbau sehr arbeitsintensiv, was sich im Sprichwort „Der Hopfen will jeden Tag seinen Herrn sehen" niederschlägt. Diese Rahmenbedingungen, Blattfleckenkrankheiten und Schädlinge wie Hopfenkäfer, Blattläuse und Rote Spinnmilbe sowie ein Verbot im Dritten Reich zum Schutz anderer Gebiete sorgten dafür, dass in der Nordoberpfalz der Anbau wieder aufgegeben wurde. Geblieben sind alte Straßen- und Flurnamen wie Am Hopfengärtl in Neustadt a. d. Waldnaab, Hopfenweg in Weiden, Hopfengarten bei Vohenstrauß und Hopfengartl in Falkenberg. Hier und da ist noch Wilder Hopfen in den Fluren und Wäldern anzutreffen. Nicht nur wegen der Klimaerwärmung ist es durchaus möglich, dass die Bierfrucht zurückkehrt. In Illschwang im Landkreis Amberg-Sulzbach hat der Gartenbauverein neben einem alten Hopfenstadel 1990 einen historischen Garten neu angelegt. In der Scheune ist ein kleines Hopfenmuseum eingerichtet. Im Ort ist es zudem möglich, die beruhigende Wirkung von Hopfen auf sehr ungewöhnliche Art und Weise zu erleben. Das Landhotel „Zum Weißen Roß" macht die Pflanze zu einem in der Region einzigartigen Wellness-Erlebnis. Die Dolden kommen bei der Familie Nägerl in der hauseigenen Therme nicht ins Bier, sondern zusammen mit Hopfenessenz in den Badezuber aus Eichenholz. Frauen schwärmen von der entspannenden Wirkung der Pflanze „humulus lupulus", die auch gegen üble Laune und Nervosität hilft. Vor über neunhundert Jahren hatte Hildegard von Bingen übrigens genau das Gegenteil behauptet. Die Äbtissin hat urkundlich erstmals Hopfen als Zutat, die das Bier haltbar macht, schriftlich festgehalten. Sie urteilte 1079: *„Der Hopfen macht die Menschen traurig und trocknet ihre Eingeweide aus ..."*

Geerntet wird die Bierfrucht mittlerweile auch im Freilandmuseum Neusath-Perschen bei Nabburg. Die kleine Amberger Privatbrauerei „Am Sudhang" verarbeitet die Dolden zu Zoigl und anderen Bieren. Kommunbrauer Reinhard Fütterer vom Schafferhof aus Neuhaus hat unlängst ebenfalls bei seinem Anwesen Stöcke gesetzt, um Erfahrung mit selbst gezogenem Aromahopfen zu sammeln.

Aus dem Hopfen lässt sich nicht nur guter Zoigl brauen. Der Wellness-Landgasthof „Zum Weißen Roß" in Illschwang gibt die Dolden auch in den Badezuber.

König ordnet Verkauf der Brauhäuser an

1804 ordnete das neu gegründete Königreich Bayern den Verkauf der Kommunbrauhäuser an, wohl weil sie viele Gemeinden sehr belasteten und die hygienischen Zustände oft besorgniserregend waren. Der König verfügte auch, dass das Braurecht nicht mehr neu verliehen werden dürfe. Von da an konnten nur mehr die Bürger der alten Anwesen brauen. Es folgten viele weitere Regelungen, die es Kommunbrauern erleichterten, sich selbstständig zu machen. Damit förderte der König die Gründung von Privatbrauereien.

In der Oberpfalz hielten trotzdem viele Bürger an den gewachsenen Strukturen fest. In etlichen Orten schlossen sich die Bierrechtler zu Genossenschaften zusammen und nutzten die Sudkessel gemeinschaftlich weiter. Es gab um 1840 in der Oberpfalz immer noch mehr als doppelt so viele Kommunbrauhäuser wie private Brauereien. In Akten des 19. Jahrhunderts sind in über achtzig Orten der Oberpfalz Kommunbrauhäuser erwähnt. Sie standen in Amberg, Auerbach, Bärnau, Beratzhausen, Bruck, Burglengenfeld, Cham, Ensdorf, Erbendorf, Eschenbach, Eslarn, Falkenberg, Floß, Freihung, Furth im Wald, Grafenwöhr, Hahnbach, Hemau, Hirschau, Hohenburg, Hohenfels, Kallmünz, Kaltenbrunn, Kastl, Kemnath, Kirchenthumbach, Kohlberg, Königstein, Konnersreuth, Laaber, Lauterhofen, Leuchtenberg, Luhe, Lupburg, Mähring, Mantel, Mitterteich, Moosbach, Nabburg, Neuhaus, Neuhaus an der Pegnitz, Neukirchen-Balbini, Neumarkt, Neunburg vorm Wald, Neustadt am Kulm, Neustadt an der Waldnaab, Nittenau, Oberbibrach, Oberviechtach, Painten, Parkstein, Parsberg, Pfreimd, Pleystein, Pösing, Pressath, Regenstauf, Rieden, Roding, Rötz, Schlicht, Schmidmühlen, Schönsee, Schwandorf, Schnaittenbach, Schwarzhofen, Stamsried,

Auch in der Stadt Eschenbach gehörten Biertransporte viele Jahrhunderte lang zum gewohnten Bild. In großen Holzbottichen, den „Koufn“, holten Zoiglwirte die Würze am Kommunbrauhaus ab.

Sulzbach, Tännesberg, Thurndorf, Tirschenreuth, Velburg, Vilseck, Vohenstrauß, Waidhaus, Waldeck, Waldershof, Waldmünchen, Waldsassen, Waldthurn, Weiden, Wernberg, Windischeschenbach und Winklarn. Hochgerechnet gab es zu dieser Zeit mit Sicherheit Hunderte, vielleicht sogar Tausende von Zoiglstuben in der Oberpfalz: paradiesische Zustände für Bierliebhaber.

„Schoilmichl" Otto Punzmann aus Neuhaus (links) machte auch zur Einweihung der Kapelle von Dietersdorf ein Fass Zoigl auf. Pfarrer Alois Böhm half ihm beim Ausschank.

Interesse am Hausbier erlischt plötzlich

Was Vorschriften nicht schafften, bewirkten einige Jahrzehnte später der Zeitgeist und die beiden Weltkriege. Durch die Rationierung von Braugerste kam die Bierherstellung während des Zweiten Weltkriegs fast überall komplett zum Erliegen. Zoiglstuben schlossen für immer, weil die Männer von der Front nicht zurückkehrten. Das Interesse am Hausbier erlosch im 20. Jahrhundert immer mehr. Im Zeitalter des Wirtschaftswunders trauerte kaum einer dem Zoigl nach. Viele Kommunbrauhäuser wurden nach den Kriegen gar nicht mehr oder nur kurzzeitig in Betrieb genommen.

Die Bärnauer stellten zum Beispiel 1946 das Brauen ein. Ein später gefasster Beschluss, das Kommunbrauhaus abzureißen, wurde nicht umgesetzt – zum Glück. Heute ist im Haus das Knopfmuseum untergebracht. In Grafenwöhr wurde während des Kriegs 1941 der letzte Sud gekocht. Das Brauhaus in Oberviechtach gaben die Bürger 1948 auf. In den 60er Jahren des 20. Jahrhunderts erloschen die Kamine der Kommunbrauhäuser in Neustadt a. d. Waldnaab, Eschenbach und Kemnath. An dem aus gelbem Sandstein gebauten Brauhaus hinter dem Amtsgericht in Kemnath schaukelt heute wieder ein Bierstern über dem ausgetretenen Kopfsteinpflaster im Wind. Das Denkmal beherbergt unter anderem eine Zoiglwirtschaft.

Das bislang letzte Oberpfälzer Kommunbrauhaus, das die Segel strich, steht in Waldershof. 1985 gaben die letzten beiden Zoiglwirte mit dem Maischekochen eine rund fünfhundertjährige Tradition auf, weil die Einrichtung veraltet war und keine Rücklagen für eine Renovierung vorhanden waren. Mittlerweile ist das Gebäude eine Zoiglwirtschaft. Damit dampfen in der Oberpfalz nur noch in Eslarn, Falkenberg, Mitterteich, Neuhaus und Windischeschenbach die Sudkessel in Kommunbrauhäusern.

Der Tradition, dass nicht jeder Bier sieden darf, fühlen sich viele Kommunbrauer verpflichtet. So lassen die Berechtigten in Windischeschenbach und Neuhaus in ihrem Gemeinschaftsbrauhaus nur Bürger Würze kochen, die im Ort ein Gebäude besitzen. In Mitterteich und Eslarn wird das Bierprivileg etwas großzügiger gehandhabt, wohl weil die Zuständigen in den Rathäusern sitzen. Auch in Falkenberg dürfen Auswärtige mit Bierrechtlern unbürokratisch mitbrauen.

Kein Ausschank ohne Vorkoster

Ein wichtiges Amt zur Kontrolle der Zoiglstuben war die Tätigkeit der Bierkieser. Bevor ein Bürger sein Gebräu ausschenken durfte, musste er seinen Trunk von einem Fachmann kosten und prüfen lassen. Der Bierkieser, bisweilen auch Biersetzer oder Bierschauer genannt, legte oft auch den Preis fest, den ein Bürger für sein Gebräu verlangen durfte.

Aus Tirschenreuth ist eine amüsante Episode aus dem Jahr 1863 überliefert, die wunderschön den Ablauf solch einer Verkostung erzählt. Der behördlich bestellte Bierschauer war Kaminkehrermeister Sylvester Bogner, von den meisten Leuten nur „Schloutfeger-Vestl" genannt. Der „Bier-Sommelier" prüfte an jenem Tag den Zoigl einer Nachbarin. Unten die überlieferte Niederschrift.

Neben dem des Bierkiesers gab es noch weitere verantwortungsvolle Ämter. Der Malzbeschauer hatte den Mulzern auf die Finger zu sehen. Malzhausverwalter und Bräuhausverwalter kümmerten sich um die organisatorischen Abläufe in den jeweiligen Gebäuden und den Zustand der Häuser. Der Kessel-

Vorschriftsmäßig hatte Bogner vorher „weder einen Hering noch ein Geselchtes, weder einen Rettich noch sonst ein dursterregendes Mittel zu sich genommen, damit seine Geschmacksnerven ungereizt ihr Empfinden kundgeben konnten. Auch hatte er das Tabakrauchen unterlassen und sich den Abend vorher frei gehalten vor jedem Übermaß im Biergenusse, auf dass auch kein Katzenjammer sein Urteil trübte".

Der Kieser nahm das Glas in seine Rechte, wischte mit der Linken daran gewohnheitsmäßig herab, obwohl das Gefäß gar keine Ursache hatte zu chwitzen, und hob es dann empor vor das Licht des sonnenbeschienenen Fensters. Die Prüfung auf Klarheit, Farbe und Glanz bestand der Zoigl ohne Weiteres. Anschließend war der Schaum an der Reihe. Auch der entsprach der Anforderung; er machte keine großen Augen und hielt in der Mitte das „Speibatzl". Beim Geruchstest beugte sich der „Schloutfeger-Vestl" über das Glas und zog zwei, drei Mal den Duft in die Nase. Sichtlich zufrieden nickte er: „Säuerlt niat a bissl und malzelt aa gout."

Nun kam das Wichtigste, die Kostprobe. Der Kieser holte aus der Tasche ein Stückchen Brot und nahm ein paar Bissen. Dann setzte er das Glas an und nahm einen Mundvoll Bier, drückte es in alle Winkel seiner Mundhöhle, schloss die Augen und rieb es mit der Zunge an dem Gaumen hin und her. Schließlich schluckte er es hinab und öffnete wieder die Augen und trank das ganze Glas aus. „Nachbarin, dei Böia ist authentisch. Tou nea n Zoigl glei assi", erklärte der Bierkieser. Gleichzeitig verriet er aber, dass „dou drunt in da Gass oiner is, den sein Plempl zwickt und grawlt und is pudeltröi, dass ma koin Fruasch drin seachat."

Natürlich wollte die Frau wissen, warum dieser misslungene Zoigl ausgeschenkt werden dürfe. Darauf sagte der Bierkieser trocken: „Dös mou halt aa trunken wern", und ging.

Auch im „Riederhaus" in Wernberg (heute Metzgerei Dotzler) wurde einst Zoigl ausgeschenkt. Zum Anwesen an der Nürnberger Str. 12 gehört noch immer ein Gewölbekeller in der Weidener Straße, in dem das Bier gelagert wurde. Das Bild dürfte zwischen 1925 und 1930 entstanden sein.

geldverwalter hatte die Finanzen in den Kommunbrauhäusern zu regeln.

Das Kesselgeld gibt es immer noch. Mit diesem Obolus, der bei jeder Nutzung des Brauhauses zu zahlen ist, finanzieren die Bierrechtler den laufenden Betrieb. Empfänger ist die Kommune oder die Gemeinschaft, der das Brauhaus gehört. Die Tatsache, dass nur zahlt, wer braut, hat für manch ein Oberpfälzer Brauhaus im 20. Jahrhundert das Aus bedeutet und wird bei anstehenden Investitionen oft zum Problem. Derzeit beträgt das Kesselgeld übrigens fast überall einige hundert Euro pro Sud.

Rein rechtlich ist für die Herstellung und den Ausschank von Bier heute kein Braurecht mehr nötig. Jeder, der Lust hat, kann unter die Zoiglwirte gehen, Würze kochen, sie mit Hefe vergären und als Bier verkaufen, wenn er gewisse Bau- und Hygienevorschriften einhält. Ein Beispiel ist die Altenstädter Zoigl-Kleinbrauerei, die sich Michael Eismann 2006 in einem Keller am Buchsteig eingerichtet hat. In früheren Jahrhunderten wäre dies unmöglich gewesen, da Altenstadt a. d. Waldnaab weder Markt- noch Stadtrechte hatte, kein eigenes Bier herstellen durfte und darüber hinaus noch verpflichtet war, Bier aus Neustadt zu beziehen.

Nicht nur die alten Rittersleit' aus dem Isartal, auch die Oberpfälzer tranken früher eimerweise Bier, wenn wieder einmal ein richtig süffiger Zoigl gelungen war.

Unsittlichkeit und Trunksucht kritisiert

Die Zustände in den Zoiglstuben und Brauhäusern waren oft schlimm. So wetterte der praktische Arzt Dr. Wilhelm Brenner-Schäffer aus Weiden in seinem 1856 erschienenen „Versuch einer Geschichte des Landgerichtsbezirkes Weiden" über das Bierrecht:

> *„... Diese ursprüngliche Freiheit erweiterte sich bald zum Nachteile der Gasthäuser und Trinkstuben zur Ausübung einer offenen Schenkgerechtsame und es ist buchstäblich wahr, dass noch heute in jeder Stadt, in jedem Flecken so viel Bierhäuser sind als Bürger dort wohnen. Keine Freiheit hat je verderblicher auf ein Volk eingewirkt als diese; welche Sittenverderbnis musste auch ein Gebrauch herbeiführen, der jedes einfache Bürgerhaus zum Wirtshaus machte, der das Innerste der Familie den täglichen Biergästen erschloss, der in das Heiligtum des Familienwesens die Rohheit des Wirtshauslebens mengte, die Reinheit der Kinder, die Züchtigkeit der Hausfrau, den Gewerbsfleiß des Bürgers dem lächerlichen Stolze opferte, sich einige Male als Wirt bewundern zu können und denjenigen bedienen zu können, denen er sonst vielleicht kaum ein Almosen gereicht hätte. Ich weiß, dass jeder, der dies Institut tadelt, dem Oberpfälzer ins Herz greift, ich kann aber dennoch nicht verschweigen, dass eben dies Institut ein Grund mehr war zum Ruin und zum Verderben dieser Provinz ..."*

In einer anderen Abhandlung schreibt der Arzt, dass *„das verderbliche Recht des Selbstbierbrauens und Selbstbierschenkens"* eine schlimme Sitte sei, die *„jährlich Hunderte von Familien zur Verarmung, zur Unsittlichkeit, zum Spiel und zum Trunk"* führe.

Heute hätte er keinen Grund zur Klage mehr. Während früher die Wirte für den Ausschank ihre Wohnstuben räumten, verfügen mittlerweile fast alle brauenden Bürger über eigene Schankräume. Für manch einen Brauer ist das Zubrot zur Haupteinnahmequelle geworden. Viele stellen ihre Räume auch unter der Zeit geschlossenen Gesellschaften für Feste und Feiern zur Verfügung. Ein Anruf in den Tourismusstellen der Kommunbrauorte oder direkt bei einem Zoiglwirt lohnt sich fast immer. Für Gruppen sind übrigens in den fünf Kommunbrauorten auch Besichtigungen der historischen Brauhäuser möglich.

Unten ist eine Neuhauser Zoiglrunde vergangener Tage zu sehen. Rechts kocht der „Käck'n" Matthias Schönberger im Neuhauser Kommunbrauhaus ein „Biersüppchen".

Neuhau

Der trickreiche Wirt

Eine Hochburg des Zoiglbiers war einst Erbendorf. Nach der Brauordnung von 1770 durften dort zur gleichen Zeit acht Bierschenken geöffnet haben. Zur Kirchweih war es sogar zwölf Kommunbrauern erlaubt, gleichzeitig den Stern vor das Haus zu hängen. Das reichte offensichtlich manchmal nicht aus, um den großen Durst der Einwohner des Bergbaustädtchens zu stillen. Es gab wohl keine Kontrollen zur Überwachung der Zahl der gleichzeitig geöffneten Zoiglstuben. So mag es dazu gekommen sein, dass diese Vorschrift den Kommunbrauern gegen Ende des 19. Jahrhunderts schlicht wurscht war und jeder, der Lust und natürlich Bier hatte, zum Zoigl bat. Aufgrund der großen Konkurrenz kam es schon mal vor, dass das Selbstgebraute einen Stich bekam. Ein findiger Metzgermeister kurbelte den Bierkonsum fleißig an, indem er mit gutem Beispiel voranging und den Gästen ständig zuprostete. Was die Gäste nicht wussten: Während durch ihre Kehlen saurer Zoigl rann, umspülte den Gaumen des Wirts süffiges Weidener Bürgerbräu, das er sich aus dem Gasthof „Zur Post" hatte holen lassen.

Kapuziner gehen fremd

Wie schlecht manchmal das Bier war, zeigt eine Niederschrift aus Neustadt a. d. Waldnaab. Im Jahr 1784 beschlossen die Kapuziner der Stadt, ihr Sommerbier wegen der miserablen Qualität anderswo zu beziehen. Sie suchten sich dazu das Brauhaus in Parkstein aus. Die Patres hatten wohl über dort wirkende Mitbrüder in Erfahrung gebracht, dass der Gerstensaft am Basaltkegel nicht nur besser, sondern auch billiger als der Neustädter sei. Natürlich protestierten die Bürger gegen diese Absicht.

Später kannten sich viele Klosterbrüder nicht mehr so gut mit Bier aus. So erzählt man sich, dass nach dem Zweiten Weltkrieg Bettelbruder Kilian vom Kloster St. Felix seltsamerweise bei seinen Hausbesuchen nie bei der Zoiglstube „Brucksaler", die eigentlich auf dem Wege lag, auftauchte. Der Guardian sprach ihn eines Tages darauf an. Der Bruder erklärte, dass er dieses Haus ausspare, weil dort Juden wohnten. Der Klosterobere wollte natürlich wissen, wie er darauf käme. Bruder Kilian berichtete, dass dort der Stern sogar vor dem Haus hänge. Lachend klärte ihn der Guardian auf, was es mit dem Stern vor der Tür auf sich habe. Unter Umständen bereute er dies später. Bruder Kilian machte fortan keinen Bogen mehr um das Gebäude, sondern kehrte regelmäßig ein. Er soll sich bei seinen Bettelbesuchen als sehr gesellig und trinkfest erwiesen haben.

Wegen Freibier verhaftet

Wegen hundertzwanzig Mass Bier marschierten am 17. April 1769 dreiunddreißig Soldaten unter Leutnant Frauenhofer von Weiden nach Windischeschenbach. Pflegeamtskommissär Andrä Schaller sandte sie aus, um einen Bierüberfall zu sühnen. Elf Männer hatten einen Bierkutscher auf offener Straße überfallen, seine Fässer zerschlagen und eben jene hundertzwanzig Liter an Ort und Stelle getrunken beziehungsweise als Freibier ausgeschenkt.

Der Gerstensaft war für eine neue Bier- und Branntweinschenke bestimmt, die Freifrau von Herding in Gleißenthal eröffnet hatte. Diese Wirtschaft war vielen Kommunbrauern ein Dorn im Auge, weil sie bislang dorthin Bier geliefert hatten. Da die elf Übeltäter bekannt waren, lud sie Schaller vor. Doch sie kamen nicht. Auch einer weiteren Aufforderung leisteten die streitbaren Brauer keine Folge. Also wurde das Militär in Bewegung gesetzt. Gegen 1 Uhr nachts wurden die Männer verhaftet und anschließend eingebuchtet. Neben wochenlangen Arresten setzte es auch saftige Geldstrafen. Das Freibier wurde im Nachhinein also ganz schön teuer.

Kommunbrauhäuser befanden sich übrigens meist in unmittelbarer Fluss- oder Bachnähe. Das Falkenberger steht zum Beispiel direkt am Waldnaabufer, am Windischeschenbacher plätschert der Dornmühlbach vorbei. Auch in Neuhaus gab es einen Bach, der ist aber mittlerweile verrohrt.

Die Nähe zum Wasser hatte einen ganz einfachen Grund: Das Wasser ist nicht nur der wichtigste Rohstoff für den Brauvorgang, sondern es werden auch große Mengen davon für das Reinigen der Kessel und des Kühlschiffs benötigt. Da war es natürlich ungemein praktisch, das Nass gleich vor der Brauhaustür zu haben. Offensichtlich gab es hier im Lauf der Kommunbraugeschichte manch unliebsame Überraschung, so dass vielerorts der Gemeindediener vor dem Brauen mit der Glocke durch den Ort marschierte und das Anschüren des Brauhausofens öffentlich bekannt gab.

Auch für die Lagerung und die Gärung in den Felsenkellern spielten die Wasserläufe übrigens oft eine Rolle. Die Bierrechtler stellten nämlich fest, dass Eis, das in die Keller geschafft wurde, den Winter relativ lange

An den Einsatz des Amtsboten beim Kommunbrauen erinnert diese Zeichnung, die aus der Hauschronik der Zoiglstube „Kramer" in Falkenberg stammt.

überdauerte und die Temperatur noch weiter absenkte. Das Bier blieb damit länger haltbar. Mit Sägen, Hacken und Pickeln rückten viele brauende Bürger alljährlich zum Eismachen aus. Die beste Zeit dafür war, wenn es richtig knackig kalt war und das Eis eine Dicke von mindestens zwanzig Zentimetern hatte. Mancherorts wurde das Eis auch aus Weihern entnommen. Der Name „Eisweiher" in Kemnath ist ein Relikt aus dieser Zeit, als man den Begriff „Eismachen" noch mit herbem Bier und nicht mit Gelati, also süßen italienischen Kreationen, in Verbindung brachte.

Das Bild rechts zeigt den „Louaschmied", der in Mitterteich sein Braurecht zum öffentlichen Ausschank nutzte. Im Hintergrund des Fotos aus der Zeit um 1915 ist der vor dem Haus abgestellte „Koufn" für den Biertransport und die Gärung zu sehen. Unten ist Eis auf der Naab für einen Bierkeller gebrochen worden. Der Ort im Hintergrund dürfte Schwarzenfeld sein.

Hopfen, Malz und ganz viel Herzblut

Zoigl kein Hobby für Langschläfer

Zoiglbrauen ist nichts für Langschläfer. Schon um fünf Uhr oder noch früher heißt es: Raus aus dem Bett! Bis die knisternden Meterholzknittel hinter dem gusseisernen Türchen richtig glühen und die Würze zum Kochen bringen, dauert es. Und Zoiglbrauen ist nichts für Eilige und Hektiker. Denn das technisch bedingte, aufwendige Zwei-Maische-Verfahren nimmt viel Zeit in Anspruch. Die Herstellung des untergärigen Gerstensaftes ist etwas für Gemütsmenschen und Genießer, welche die Bierruhe weghaben. Und sie ist etwas für Leute, die den Aufwand und den Ertrag nicht wirtschaftlich aufrechnen. Denn genauso wichtig wie Wasser, Hopfen, Malz und Hefe ist bei der Oberpfälzer Spezialität das unbezahlbare Herzblut, das in jedem Sud steckt und das Bier so liebenswert und zu etwas ganz Besonderem macht.

Weit verbreitet war der Brauch, wie bei diesem alten Zoiglstern aus Eschenbach, die Initialen des Hausbesitzers einzuarbeiten.

„Zoigl ist bodenständig und herb, so wie unsere Landschaft", formulierte ein Kommunbrauer die ungewöhnliche Liebesbeziehung, die über ein halbes Jahrtausend alle Kriege, Seuchen und auch Friedenszeiten überdauert hat. Und er ist männlich, weshalb ihn auch die Frauen lieben.

Für ein Fässchen Zoigl krempelten die Oberpfälzer schon vor Jahrzehnten bereitwillig die Ärmel hoch.

Das Kommunbrauhaus in Windischeschenbach ist das Reich von Robert Sperber. Er kocht nicht nur für seine Zoiglstube „Binner", sondern auch für viele Kollegen die Bierwürze.

Die Oberpfälzer sind ein ungemein konservativer Menschenschlag, was sich bisweilen in Wahlergebnissen von achtzig Prozent oder mehr für die CSU niederschlägt. Doch wenn es um das Bier geht, werden sie zu begeisterten Kommunisten. Seit Jahrhunderten brauen die Bürger in gemeinsamen Häusern nach althergebrachten Rezepten ihr eigenes Bier. Früher wurde das Wasser einfach aus den Flüssen, Bächen und sogar Weihern entnommen, mittlerweile wird die wichtigste Zutat aus streng kontrollierten Brunnen tief aus der Oberpfälzer Erde in die Sudkessel gepumpt. Und bei den meisten Wirten kommen keine Hopfendolden mehr in die Kessel, sondern praktisch zu handhabende und leichter zu lagernde Pellets, die zumeist aus der Hallertau in Oberbayern oder dem Hersbrucker und Spalter Land in Mittelfranken stammen. Die größten Veränderungen gab es bei der Lagerung und der Hygiene. Verschwunden sind die Holzbottiche, deren zeitliche Vergänglichkeit sich manch ein Zoiglgast beim Kosten des Haustrunks ungewollt auf der Zunge zergehen lassen musste. Auch die mit Pech ausgepichten Holzfässer haben ausgedient. Das Bier reift bei gleichbleibender Idealtemperatur in Edelstahlwannen und -tanks in Kellern ohne Nebengerüche, die den Zoigl beeinträchtigen könnten. Moderne Kühlsysteme erleichtern die Vergärung mit Hefepilzen und die Lagerung. Bei den meisten Kommunbrauern fließt das Gebräu direkt aus der Nachgärung in die Krüge. Milchsäurebakterien, die früher das Bier ungenießbar machten, haben keine Chance mehr. Und im Zoigl ist mittlerweile Kohlensäure, die das Bier erfrischend macht und für appetitliche Schaumkronen sorgt. Früher, als der Gerstensaft noch in Fässern nachgärte, konnte die Kohlensäure ungehindert entweichen. Das Bier sah nicht nur wenig prickelnd aus, sondern schmeckte auch schal und abgestanden. Aus dieser Zeit stammt die Redensart, dass man beim Zoigl auf den Geschmack kommen müsse und erst das dritte Glas richtig gut schmecke.

Heute braucht das Kommunbier keine Vergleiche mehr zu scheuen. Ein Buchautor hat den Zoigl aus Falkenberg und Mitterteich unlängst sogar in seine publizierte Hitliste der hundert besten Biere der Welt aufgenommen. Und das, obwohl jeder Zoigl durch die vielen Faktoren, die auf die Qualität des Bieres Einfluss haben, ein bisserl anders schmeckt. Gerade dies macht den besonderen Reiz aus.

Drei bis vier Ster Holz für einen Sud

Eine Besonderheit ist, dass der Zoigl nur einen Tag lang im Brauhaus ist. Drei bis vier Ster Holz jagt der Braumeister im Laufe dieses Tages durch den Kamin. Das Heranschaffen der gut durchgetrockneten Knittel ist Aufgabe des Hausbrauers, der meist bereits am Vortag die Meterscheite im Vorraum des Brauhauses stapelt.

Wenn es im Ofen knistert, die Kessel und Becken dampfen und der süßliche Geruch von Malzzucker die Luft schwängert, dann erinnern die Kommunbrauhäuser bisweilen mehr an eine Hexenküche denn an eine Brauerei. Doch Bedenken sind unbegründet. Zoigl wird heute streng nach dem Bayerischen Reinheitsgebot hergestellt und ist durch den Verzicht auf haltbar machende Stoffe, den relativ geringen Kohlensäuregehalt sowie das Belassen der Eiweiß- und Hefeschwebstoffe im Getränk gesünder und bekömmlicher als viele andere Biere.

Das spätere Aussehen legt der Brauer bereits beim Kauf der Zutaten fest. Entscheidend sind die Wahl und der Zustand der zu Malz verarbeiteten Gerste. In der Mälzerei wird das Korn unter Zugabe von Wasser zuerst zum Keimen gebracht. Nach etwa einer Woche stoppt der Mälzer den Prozess abrupt, indem er die Körner auf einer Darre bei fünfundachtzig bis hundert Grad Celsius trocknet. Beim dunklen Zoigl wird das Malz noch angeröstet, bevor es geschrotet oder gemahlen in die Kessel kommt. Die typische Bernsteinfarbe erreicht man durch eine Mischung von nur getrocknetem und geröstetem Malz. Früher gab es in allen Brauorten eine Mälzerei, in der ein Mälzer die Gerste für das Brauen vorbereitete. Diese Vielfalt ist verschwunden. Meist erinnern nur noch Straßennamen an diese Gebäude.

Die Mischung macht's. Für die typische Bernsteinfarbe des Zoigls maischt der Brauer getrocknetes und geröstetes Malz gemeinsam ein.

Beim Zoigl ist das Bier

❶ Am Tag vor dem Brauen bringen die brauenden Bierrechtler das Holz für das Kochen der Würze ins Brauhaus. ❷ Auch Sudpfanne, Läuterbottich und Kühlschiff müssen gereinigt werden. ❸ Der Brauer muss am nächsten Tag früh aus den Federn, da es einige Zeit dauert, bis die Holzfeuerung den Sudkessel auf die richtige Temperatur gebracht hat.

❹ Zuerst verkocht der Brauer warmes Wasser mit Malz zu Maische. Hier sind Erfahrung und Wissen gefragt. Die schrittweise Erhöhung der Hitze ist für den Brauerfolg ungemein wichtig. Die Enzyme wandeln bei einer bestimmten Temperatur die Stärke aus dem Malz in Zucker um. Diese Wärme gilt es zu erreichen und zu halten. Da die Feuerungen und die teilweise noch von Riemen angetriebenen Rührwerke in den alten Kommunbrauhäusern an Leistungsgrenzen stoßen, ist es meist nötig, das Malz in zwei oder sogar drei Schritten einzukochen, was der Fachmann als Zwei- beziehungsweise Drei-Maische-Verfahren bezeichnet.

❺ Wenn der Sud lange genug köchelt, greift der Braumeister meist zum Jodfläschchen. Aber keine Angst, das Desinfektionsmittel kommt nicht in den Kessel, sondern wird benötigt, um den idealen Zustand des Bierbreis zu ermitteln. Der Brauer vermengt eine Probe in einem kleinen Behälter mit dem Jod, wie einst beim Kartoffelversuch im Schulunterricht. Wenn sich die Masse rot oder blau färbt, ist noch Stärke da, wird die Probe braun oder gelb, ist sie nahezu komplett in Zucker übergegangen.

nur kurz im Brauhaus

❻ Dann pumpt der Braumeister den Sud in den Läuterbottich. Dort setzen sich die Festbestandteile auf dem Boden ab. Während die zuckersüße Würze, die übrigens gut gegen Erkältungen helfen soll, weiter zu Bier verarbeitet wird, holen Landwirte den ausgekochten Getreidebrei, auch Treber genannt, für die Tierfütterung ab. Vor allem Milchviehhalter geben die Braureste gerne in den Futtertrog, da sich der hohe Eiweißgehalt positiv auf die Milcherzeugung auswirkt.

❼ Erst jetzt kommt der Hopfen, der dem Bier den typischen bitterherben Geschmack verleiht und den Gerstensaft haltbar macht, in den Sud. Bei diesem Arbeitsschritt entscheidet sich durch die Dauer des Kochens und die Menge der Wasserverdunstung, welchen Stammwürzegehalt und damit Alkoholgehalt das Getränk später haben wird. Beim Zoigl beträgt die typische Stammwürze etwa zwölf Prozent. Das ergibt später einen Alkoholgehalt von rund fünf Prozent.

❽ Den fertigen Sud pumpen die Brauer am Ende des Tages durch einen Seiher, der die Hopfenrückstände zurückhält, in große, flache, offene Kühlschiffe, wo er eine Nacht lang bleibt. Die große Oberfläche des Würzesees ist nicht nur für die schnelle Abkühlung, sondern auch für die Anreicherung mit Sauerstoff wichtig, der wiederum die Vergärung erleichtert. Die Oberpfälzer stellten früher in einem zweiten Braugang noch minderwertiges Bier her, das an das Gesinde ausgeschenkt wurde. Dieses Nachbier hieß Konfent. Dabei wurde das zum Biersieden verwendete Malz noch einmal aufgekocht.

... und ganz lange im

❶ Nach dem ersten Tag ist die Arbeit des Brauers getan. Der weitere Werdegang des Zoigls liegt in der Hand der Bierrechtler, welche die Würze am Morgen mit einem Tankwagen abholen. ❷ Hausbrauer kochen oft gemeinsam einen Sud. Bei kleinen Mengen wird die Würze dann gleich an Ort und Stelle untereinander aufgeteilt und in kleinen „Koufn" oder anderen Gefäßen zum Gärkeller gebracht.

❸ Vom Tankwagen aus wird das Bier in den Reifekeller gepumpt. Dort findet die weitere Bierpflege statt, was den Zoigl von anderen Brauverfahren unterscheidet. ❹ Im eigenen Keller mengt der Kommunbrauer die Hefe bei und lässt den Sud etwa zehn Tage offen gären. Das Verwenden unterschiedlicher Hefekulturen sowie Faktoren, die bei der offenen Gärung einwirken, sorgen für eine große Biervielfalt.

❺ Malzzucker verwandelt sich nun in Alkohol und Kohlensäure. Erst jetzt spricht der Brauer vom Bier. Beim typischen Zoigl kommt untergärige Hefe, die langsam nach unten sinkt, in die Bottiche. Sie wirkt zwar langsamer als obergärige Hefe, arbeitet aber bei niedrigen Temperaturen sehr zuverlässig, was den Brauvorgang ungemein erleichtert. Außerdem ist der Zoigl ein ungespundetes Bier. Die Kohlensäure, die nun entsteht, kann ungehindert entweichen. An der Oberfläche bildet sich bald ein graubrauner Schaumteppich aus Eiweiß- und Bitterstoffen. Dieses „Schneckeln" zeigt dem Zoiglwirt, dass die Gärung passt.

eigenen Gärkeller!!!

❻ Die Kräuse wird am Schluss abgehoben und das Jungbier zur Nachgärung in Lagertanks gepumpt. Vier bis acht Wochen dauert diese Reifezeit. In vielen Kommunbrau-Zoiglstuben fließt das Bier später vom Tank direkt ungefiltert über die Zapfanlage in die Ton- und Glaskrüge. Es dauert also acht bis zehn Wochen, bis der Sud aus dem Brauhaus als Zoigl auf den Tisch kommt. Die ideale Lagertemperatur beträgt zirka sechs bis sieben Grad. Das ist in etwa die Temperatur, die in den alten Bierkellern vorherrschte.

❼ Wenn der Zoigl reif ist und der Brauberechtigte mit dem Ausschank dran ist, hängt der Wirt an einer Stange einen Stern oder ein anderes Bierzeichen vor das Haus. Dies ist eine Einladung an alle Bierliebhaber, das fertige Gebräu zu kosten und ein paar schöne Stunden in entspannter Atmosphäre zu verbringen. Von diesem „Bier-Zeiger" hat der Zoigl auch seinen Namen. In Windischeschenbach sagen übrigens vor allem ältere Bürger noch immer „Geh ma zum Zeigl".

❽ Die Tatsache, dass das Bier anschließend direkt aus dem Ruhetank ausgeschenkt wird, sorgt für eine besonders hohe Bierqualität und ein einzigartiges Biererlebnis, da der Zoigl in einer Kommunbraustube nicht in Fässer umgepumpt und weitertransportiert werden muss. Ein echter Kommunbrau-Zoiglwirt hat damit einen ganz besonderen Bezug zu seinem Bier, weil er die Reife wochenlang begleitet und beeinflusst hat. Logisch, dass er sich da auch beim Bierausschank nicht aus der Ruhe bringen lässt, sondern das Abfüllen in Gläser regelrecht zelebriert.

Eine Zoigl-Institution ist in Neuhaus der „Käck'n" Ernst Schönberger. Seine Zoiglstube hat er mittlerweile an den Junior übergeben. Dafür hat er nun mehr Zeit für sein Hobby, das Brauen.

Wenn die Würze nach dem Brauvorgang in das Kühlschiff spritzt, dampft es gewaltig. Viele Kommunbrauer machten sich einen Spaß daraus, Zaungäste in diesem Augenblick zum „Turbelwacheln" zu schicken. Sie erklärten ihnen, dass es für den Brauerfolg ungemein wichtig sei, dass der Dampf möglichst schnell abziehe, und baten die neugierigen Zuschauer um Hilfe. Mit schweren Laken, die über Stangen gehängt wurden, ließen sie die Gäste vor dem geöffneten Fenster als „Wachler" gegen die Zoiglnebel ankämpfen.

In Eschenbach ist noch ein altes Malzhaus erhalten. Das 1607 aus Sandstein errichtete Denkmal ist sogar das älteste Malzhaus der Oberpfalz. Bis etwa um 1945 wurde es genutzt. Die Stadt hat es 2006/2007 vor dem Einsturz bewahrt, behutsam saniert und zu einer Kultur- und Begegnungsstätte gemacht. Neben architektonischen Besonderheiten gibt es auch einen Trockenofen und die Darre zu sehen. Gleich um die Ecke ist an der Wassergasse das „Taubnschuster"-Haus, in dem der Heimatverein sporadisch die 1966 mit dem Abriss des Kommunbrauhauses verschwundene Zoigltradition aufleben lässt. „Taubnschuster" Ferdinand Wolfinger war einer der letzten Kommunbrauer der Stadt und bewirtete in den gleichen Räumen die Gäste, wie es heute der Heimatverein tut. In den 1930er Jahren übten nach den Aufzeichnungen des Heimatvereins noch neununddreißig Brauberechtigte in Eschenbach ihr Schankrecht aus!

In Mitterteich ist es übrigens auch üblich, statt des Zoiglsterns einen Buschen an einer Stange zu befestigen. Früher sagte man, dass

Früher machten sich Kommunbrauer einen Spaß daraus, Zaungäste im Kommunbrauhaus zum „Turbelwacheln" zu schicken. Keine Frage, dass danach der Durst doppelt groß war.

der Zoigl so lange gut sei, wie der Buschen grüne. Kommunbrauer mit braunen Buschen waren als „Stauernwirte" verschrien. In Eslarn weist neben dem Stern ein Reiserbesen auf das Schankrecht hin. In älteren Niederschriften ist zudem von Blechkränzen mit einem vollen Glas in der Mitte als Zoiglzeichen die Rede. In vielen Orten, darunter Erbendorf, Eschenbach und Waldershof, war es üblich, inmitten des Sterns das Handwerk, das in dem Haus ausgeübt wurde, oder die Initialen des Bewohners einzuarbeiten.

Max Habith vom Heimatverein Eschenbach ist die Freude ins Gesicht geschrieben. Wenn er den Stern vor das Haus hängt, gibt es wieder Zoigl beim „Taubnschuster".

Zoigl von A bis Z

Anschwänzen: Das herausgefilterte Malzschrot wird noch einmal mit heißem Wasser vermengt, um auch den Rest der wertvollen Stoffe auszuschwemmen.

Ausschlagen: das Herausfiltern von Hopfenteilen und Eiweißbruch aus der gekochten Bierwürze.

Kräuse: Schaum aus Eiweiß und Bitterstoffen, der sich bei der Gärung an der Oberfläche des Bottichs bildet.

Kühlschiff: große, flache Wanne, in der die Würze über Nacht abkühlt und sich mit Sauerstoff anreichert.

(Ab)Läutern: das Absondern der festen Teile aus der Würze. Nach dem Maischen kommt der Biersud dazu in den Läuterbottich.

Maische: das mit Wasser vermengte Malz. Beim zoigltypischen historischen Zwei- oder Drei-Maische-Verfahren wird das Malz in Etappen eingemaischt.

Schroten: das Zerkleinern der gemälzten Braugerste.

Würze: das beim Bierkochen gewonnene Konzentrat, das der Brauer mit untergäriger Hefe ansetzt. Die Stammwürze, der Anteil der nichtflüchtigen Stoffe vor dem Gärprozess, entscheidet über den Alkoholgehalt und die Biersteuer.

Blume: die Schaumkrone des Biers. Da die Blume durch Kohlensäurebläschen entsteht, unterscheidet sich mancher Brauereizoigl hier deutlich vom Kommunzoigl, der arm an Kohlensäure ist.

Spunden: der künstliche Zusatz von Kohlensäure zum Bier; früher enthielt der Zoigl wenig oder gar keine Kohlensäure, da selbst die natürliche Kohlensäure bei der offenen Gärung entwich.

Filtration: das Herausfiltern von Hefeteilchen, Eiweißen und anderen Schwebstoffen. Damit wird das Bier klar gemacht. Zoigl ist grundsätzlich unfiltriert.

Hefe: ein einzelliger Sprosspilz, der die Würze zum Gären bringt. Es gibt obergärige und untergärige Hefekulturen; der traditionelle Zoigl wird untergärig gebraut. Die Hefe setzt sich nach und nach am Boden des Gärbottichs ab.

Zollbehörde stets mit von der Partie

Jeder Sud muss beim Hauptzollamt angemeldet werden. Steuerrechtlich werden Kommunbrauer heute wie Kleinstbrauereien behandelt, egal ob sie ihr Bier öffentlich ausschenken oder nicht. Da sie eine gemeinsame Braustätte nutzen, profitieren sie nicht von der Sonderregelung für Haus- und Hobbybrauer, die steuerbefreit im eigenen Haushalt bis zu zwei Hektoliter Bier pro Jahr sieden dürfen. Die Oberpfälzer Bierrechtler müssen bei einem gemeinsamen Ausstoß von bis zu fünftausend Hektoliter pro Jahr sechsundfünfzig Prozent der normalen Steuer berappen. Das sind bei einer Halben Zoigl etwa zweieinhalb Cent. Wer von einem Bierrechtler zum Haustrunk eingeladen wird, sollte dies keinesfalls abschlagen, da dieses Bier oft eine besondere Note hat. Manche Hausbrauer brauen ihr Bier etwas stärker und hopfiger, da sich dadurch die Haltbarkeit erhöht. Außerdem hat man hier die Chance, einen ausgereiften „Lagerbier-Zoigl" zu verkosten, was in vielen Schankstuben aufgrund des Andrangs nahezu unmöglich ist.

Einer der Neuhauser Hausbrauer ist „Peterstoffl" Bernhard Stangl (oben). Er lagert seinen Zoigl in einem Felsenkeller bei der Burg und holt den Haustrunk noch wie früher mit der Milchkandl aus dem Keller. Unten zieht der Neuhauser Alfons Bergler die Hefe im Gärkeller auf. Wenn sie „cremig wie Sahne" ist, dann ist die Mischung für die Zoiglgärung genau richtig.

Der Zoigl reift heute bei den Kommunbrauern nicht mehr in hölzernen „Koufn", sondern in modernen Edelstahlbehältern heran. Das Bild zeigt den Neuhauser Thomas Witt („Bahler") im Gärkeller.

„Echter Zoigl vom Kommunbrauer"

Rund zwanzig Zoiglwirte aus den Kommunbrauorten Eslarn, Falkenberg, Mitterteich, Neuhaus und Windischeschenbach haben sich 2005 unter der Wortbildmarke „Echter Zoigl vom Kommunbrauer" zusammengeschlossen. Das von Norma Susanne Desing entworfene Logo mit der mit dunklem Grün unterlegten, bernsteinfarbenen Schrift, bei der ein Zacken des Sterns in das Wort Zoigl übergeht, garantiert, dass es hier traditionelles, echtes Kommunbier direkt vom Erzeuger gibt. Die Würze muss im Brauhaus des gleichen Ortes gekocht und gehopft werden. Wohl bekomm's, denn originaler und traditioneller geht es kaum.

Im November 2011 ging daraus die Schutzgemeinschaft „Echter Zoigl vom Kommunbrauer" hervor. Den Vorsitz übernahmen bei der Vereinsgründung beim Oppl Reinhard Fütterer, der Wirt vom Schafferhof in Neuhaus, und Thomas Seitz-Hartwich von der gleichnamigen Zoiglstube in Mitterteich. Schriftführerin wurde Hermine Popp vom „Gloser" aus Windischeschenbach und Kassierin Gabi Punzmann vom „Teicher" aus Neuhaus. Als Beisitzer komplettieren Wolfgang Flieger vom „Schwoazhansl" in Falkenberg, Albert Grießl vom „Stehern" in Eslarn und Wilhelm Oppl aus Mitterteich den Vorstand.

Die echten Kommunbrauer haben ein Logo, mit dem sie sich von der Konkurrenz abgrenzen. Vorne, von links: „Schoilmichl" Manfred Punzmann aus Neuhaus, Wilhelm Oppl aus Mitterteich, Ideengeber Norbert Neugirg aus Neuhaus und Albert Grießl von der „Zoiglstum Zum Strehern" aus Eslarn; stehend, von links: „Bahler" Thomas Witt aus Neuhaus, Schafferhofwirt Reinhard Fütterer aus Neuhaus, „Gloser" Martin Popp aus Windischeschenbach, Hans Lugert vom „Boozhaus" in Mitterteich, „Käck'n" Matthias Schönberger aus Neuhaus, „Lingl" Klaus Bauer aus Neuhaus, „Teicher" Jürgen Punzmann aus Neuhaus, „Da Roude" Anton Heinl aus Windischeschenbach, „Kramer" Wolfgang Fischer aus Falkenberg und Thomas Seitz-Hartwich aus Mitterteich.

„Eschawo" die Zoigl-Hauptstadt

In Windischeschenbach dreht sich viel ums Bier

Die Windischeschenbacher haben das tiefste offene Bohrloch der Erde, mit St. Emmeram eine der geschichtsträchtigsten Pfarrkirchen in der Region, das wunderschöne Waldnaabtal mit seinen bizarren Felslandschaften, und sie haben großen Durst. Wie wäre es wohl sonst zu erklären, dass das Kommunbrauwesen unbeschadet die Jahrhunderte überdauert hat? Seit 1455 nutzen die Bürger das Bierrecht. Der Holzofen im Brauhaus wummert sogar viel öfter als früher.

Beim „Posterer" in Windischeschenbach weist ein Posthorn im Stern auf die Tradition des Hauses hin.

„Der Zoigl hat für unseren Ort eine immens große Bedeutung", erzählt Andreas Meier, der als „Schwarzer" einst mit vierundzwanzig Jahren einen „roten" Rathauschef abgelöst hat und als jüngster Bürgermeister Bayerns in die Annalen einging. Den Entschluss, als Student für den Chefessel im Rathaus zu kandidieren, fasste er beim Zoigl. Dort werden fast alle wichtigen Entscheidungen vorbesprochen und viele kluge Beschlüsse in die Wege geleitet. Eine der ersten Amtshandlungen des neuen Rathauschefs war es denn auch, einen Sonderstempel zu kreieren, der den Ruf von Windischeschenbach als Hauptstadt des Zoigls auf den Kuverts in alle

Es ist in den Kommunbrau-Wirtschaften noch immer üblich, Zoigl in Flaschen abfüllen zu lassen und mit nach Hause zu nehmen. Bei vielen Brauern gibt es den Zoigl mittlerweile auch in Partyfässern.

Welt hinausträgt. Logisch, dass es mittlerweile auch eine T-Shirt-Kollektion und Accessoires mit dem Bierstern gibt. Ja sogar als Brezen bekommt man ihn gebacken. Auf die Idee dazu kam Tourismusreferent Reinhold Zapf aus dem Neustädter Landratsamt bei der Vorstellung einer „Bierzeitung" im Schafferhof. Dominik Birler gab sich aber

Der Windischeschenbach Bäcker Dominik Birler hat für die Zoiglwirtschaften eine Bierbreze kreiert. Keine Angst: Die normale Breze ist kleiner als dieses Einzelstück.

nicht mit der Änderung der Form zufrieden. Er kreierte ein Rezept, das zwar dem der Breze ähnelt, aber irgendwie doch anders ist. „Typisch Zoigl eben", schmunzelt der Bäckermeister, der seine Zutaten als Geschäftsgeheimnis niemandem verrät. Wie gut die Sternbreze zum Hopfentrunk schmeckt, testet man am besten selbst bei einem Besuch im Schaferhof in Neuhaus oder in einer der anderen Stuben, in der es das Gebäck gibt. Übrigens: Neueste Kreation des Bäckers ist ein Treberbrot, bei dem die eiweißhaltigen Braurückstände aus dem Kommunbrauhaus, das gleich schräg gegenüber liegt, verbacken werden.

Das heute etwa fünftausendfünfhundert Einwohner zählende Städtchen Windischeschenbach war im Mittelalter in drei Herrschaften zersplittert: Einen Teil regierte das böhmische Fürstengeschlecht der Lobkowitzer, ein Bereich gehörte zur Jungen Pfalz des Fürstentums Neuburg und Sulzbach, und für andere Anwesen wiederum waren die Äbte des Klosters Waldsassen zuständig. Das Bierbrauen und der Verkauf waren für die jeweiligen Regenten ein sehr einträgliches Geschäft. Keiner der drei Herren wollte sich den Bierpfennig entgehen lassen. Es gab deshalb gleichzeitig böhmisches, pfälzisches und klösterliches Bier und drei verschiedene Brauhäuser.

Oft einen „Krieg der Sterne" erlebt

Wegen des Brau-, Schank- und Lieferrechts hat es nicht nur in den Bierkesseln gebrodelt. Bisweilen ist ein richtiger „Krieg der Sterne" entbrannt. Schon die unterschiedlichen Sperrstunden in den drei Herrschaften haben manch einem Wirt die Zornesröte ins Gesicht getrieben, wenn im liberaleren „Nachbarstaat" auf der anderen Seite des Stadtbachs das Bier noch in Strömen floss, während er schon den Gästen die Tür weisen musste.

Auch Zoiglfuhren in umliegende Ortschaften lösten oft einen Streit aus. Paradoxerweise kämpften früher die brauenden Bürger darum, Bier „unter die Reifen" nehmen zu dürfen, um auswärtige Schankstuben beliefern zu können. Das hat sich grundlegend geändert. Viele Zoiglwirte sind heute der Meinung, dass es das Oberpfälzer Kultbier nur dort geben sollte, wo es im Kommunbrauhaus gebraut, im Haus vergärt und frisch vom Lagertank gezapft werden kann.

Doch zurück in die Vergangenheit: 1848 legte eine große Feuersbrunst fast ganz Windischeschenbach in Schutt und Asche. Die Hitze soll so groß gewesen sein, dass die heiße Luft die Glocken der Pfarrkirche St. Emmeram in Schwung setzte. Das flammende Inferno brach während der Flurprozession am Pfingstmontag aus und fraß sich unerbittlich durch den Ort. Auch die Brau- und Malzhäuser gingen in Flammen auf. Landrichter Freiherr von Lichtenstern verfügte damals, die Löschmannschaften kostenlos mit Bier und Brot zu versorgen. Laut Chronik wurden zu neunundzwanzig Laib Brot achthundertsiebzig Mass Bier getrunken. Als die größte Not gelindert war, bauten die Bierrechtler 1853 gemeinsam ein neues Kommunbrauhaus. So wie damals steht das Gebäude auch heute noch in der Braugasse am Dornbach, der nach der Katastrophe in sein heutiges Bett verlegt worden ist.

In Windischeschenbach gab es einst drei Zoiglbrauhäuser. Eine Tafel am Kommunbrauhaus kündet davon.

Noch fast vierzig Brauberechtigte

Wenn im Brauhaus weiße Rauchfäden aus dem langen Backsteinkamin in den Himmel steigen, dann ist meist Robert Sperber hinter den Holzsprossenfenstern bei der Arbeit und kocht die Würze. Die Besitzer von achtunddreißig Anwesen könnten als Anteilseigner die Einrichtung nutzen. Neun tun dies zur zeit: der „Binner" Robert Sperber, der „Roude" Anton Heinl, die „Gloser"-Familie Popp, die „Posterer" Günter und Manuela Zimmermann, Rudolf und Anni Loistl, die Familie Weiß vom „Schlosshof", German Enders vom Hotel-Restaurant „Oberpfälzer Hof", Hermann Schrembs vom Metzgerei-Gasthof „Weißer Schwan" sowie Jürgen und Silvia Köllner, die neuen Besitzer der traditionsreichen Stube „Fiedlschneider". Bald wird noch einer hinzukommen. Die Familie Schiml hat 2012 das Anwesen „Stern", in dem bis 2008 eine ungemein beliebte Schankstube bewirtschaftet wurde, gekauft und will die Zoiglstube wieder eröffnen. Vorher soll das Haus aber in enger Abstimmung mit dem Denkmalschutz generalsaniert werden. Auch die alten Fachwerkbalken sollen wieder freigelegt werden. Geplant ist, künftig auf zwei Etagen Zoigl auszuschenken.

2006 begannen die „Brauenden Bürger von Windischeschenbach" damit, das Kommunbrauhaus zum zweiten Mal in seiner langen Geschichte umfassend zu sanieren. Das neu mit Biberschwänzen gedeckte Baudenkmal ist der ganze Stolz der Zoiglwirte. Viele Geräte stammen noch aus der Zeit um 1928, als das Gebäude erstmals renoviert wurde. Unter dem alten Inventar ist eine historische Schrotmühle mit Zahnradantrieb, mit der die

Im Windischeschenbacher Kommunbrauhaus scheint die Zeit, stehen geblieben zu sein. Ein alter Riemenantrieb bringt die Brautechnik in Schwung.

„Eschawecka“ im Dachgeschoss noch immer selbst das Malz brechen. „Sie gibt unserem Bier eine besondere Note, da sie viel gröber arbeitet als die feinen Geräte in den modernen Mühlen“, weiß Anton Heinl von der Zoiglstube „Da Roude“, der die Interessengemeinschaft der Zoiglbrauer lange als Sprecher vertrat. Auch ein zentnerschweres Gewicht, das mit einem Riemenantrieb im Sudkessel das Rührwerk hebt und senkt, ist noch bei jeder Bräu im Einsatz. Nur die kunstvoll gearbeitete, verplombte Zahnradwaage, die früher auf die Schrotmühle aufgesetzt war, ist mittlerweile ein Museumsstück. Sie wird nicht mehr gebraucht, da die weißen Malzsäcke, die der „Braumeister“ mit einem Seilzug unter das Dach befördert, bereits abgewogen von der Mühle kommen.

Eine schmale Eisentreppe führt neben dem Schürloch vom Erdgeschoss hoch zum Sudraum, dem Herzen der Kommunbrauerei. Die eng beieinanderstehenden Kessel sind mit roten Backsteinen ummauert, damit sie nicht so schnell abkühlen. Dahinter sind große, runde, weiß lackierte Absperr- und Zulaufräder zu sehen. Und natürlich jede Menge Leitungen, mit denen die Brauer die Bottiche füllen und leeren. An einem Vorsprung stehen beim Sudkessel eine alte Feinwaage und ein Jodfläschchen. Von der Decke hängt eine mächtige Metallkette, die das schwere Rührwerk hebt und senkt. Zwischen den Eisenträgern verschwinden die Glieder in einer Öffnung der geweißelten Decke.

Rund zweiunddreißig Hektoliter Würze können die „Eschawecka“ an einem Tag in ihrer Museumsbrauerei kochen. „Wichtig sind eigentlich nur die ersten drei Stunden. Die restliche Zeit ist nicht viel schwieriger als Kaffee machen“, erzählt „Braumeister“ Sperber. Der Lockenkopf steht meist hemdsärmelig, mit ausgewaschener Jeans und weißblauen Rautenhosenträgern auf dem leicht zu reinigenden Metallgitterboden.

Während die Transmission im Dachgeschoss rumpelt und rattert, überwacht er ein Stockwerk darunter die Armaturen der dampfenden Kessel. Er pumpt Bierbrei um, füllt Wasser nach, kontrolliert die Thermostate ... Schon ein Blick auf die gekochte Würze genügt Sperber, um zu erkennen, ob ein Sud passt oder nicht. „Wie ein Sauhirn muss die Oberfläche aussehen", erzählt der erfahrene Brauer.

Im zweiten Geschoss befindet sich zwischen den tragenden Dachbalken die von den Urgroßvätern ausgetüftelte, alte Riementechnik. Eine schmale, knarrende Stiege führt hinauf. Am Ende befindet sich eine schwere, hölzerne Bodentür, die jedes Mal von Hand hochgestemmt werden muss. Unter dem ungedämmten Dach ist auch das Kühlschiff untergebracht, damit der Bierdunst schnell entweichen kann. Es geht beim Brauen in Windischeschenbach ständig treppauf und treppab.

Das Kommunhaus ist eine wichtige Station der Stadtführungen, die das Tourismusbüro im Rathaus regelmäßig organisiert. Die Teilnehmer erfahren viele Details über die Zoigl und die Ortsgeschichte. In der Nähe des Friedhofs hat die Stadt einen Bierkeller hergerichtet, um Gästen zu zeigen, wie früher Zoigl gelagert worden ist.

Der „Posterer" – ein Stück Tradition

Manchmal fällt bei den Stadtführungen auch der Name Joseph Zehrer. Er war im 19. Jahrhundert Türmer der Pfarrei St. Emmeram. Gleich neben dem Pfarrhof hat er von einem Spitztürmchen, das früher das Haus schmückte, Feuerwache gehalten, die Brandglocken geläutet und dann und wann in sein Horn gestoßen. Nebenher war er Buchbinder, Hausbrauer und ab 1. April 1865 Posthalter der neu eröffneten Poststation. Ämterhäufung war früher überhaupt kein Problem.

Günter und Manuela Zimmermann erinnern mit der 2004 eröffneten Zoiglwirtschaft **„Posterer"** im früheren Zehrer-Haus an die gute alte Zeit. Die mit viel Liebe zum Detail eingerichteten Räume „An der Alten Post 5" sind ein kleines Museum. Jede Nische, jeder Vorsprung erzählt Geschichten von anno dazumal. Da ist zum Beispiel das Posthorn, das von den freigelegten alten Dachbalken baumelt, da sind die alten Holzskier, mit denen die Urgroßväter früher die Hänge hinunterbretterten, da ist das alte Leiterwagerl, auf dem einst so manches Zoiglfasserl über das Kopfsteinpflaster durch den Ort rumpelte, und da ist die Damenunterwäsche, die zwi-

Die „Posterer" Günter und Manuela Zimmermann (von links) haben ein großes Weinfass zum Zoiglmobil umgebaut und gehen damit mit ihrem Kommunbier auf Tour.

schen Dachsparren zum Trocknen hängt. An einer Wanduhr thront eine alte Postuniformmütze so, als habe der „Posterer" seinen Botengang nur schnell für einen Zoigl unterbrochen. Sogar die alte Hobelbank des Seniorchefs, der nicht nur Zimmermann hieß, sondern auch einer war, hat mit vielen alten Werkzeugen ein passendes Platzerl gefunden.

Beim „Posterer" ist die neue bayerische Lebensart, Laptop und Lederhose zu verbinden, Wirklichkeit geworden. Und das im doppelten Sinne: Denn wenn der Wirt nicht hinter dem Zapfhahn steht, verdient er als IT-Experte seine Brötchen. „Der Zoigl ist ein wunderschöner Ausgleich zu diesem Beruf", schwärmt Günter Zimmermann von seinem Hobby. Die in Terrakotta gehaltene erste Zoiglstube war schon bald zu klein. Deshalb bauten die Zimmermanns auch das Obergeschoss aus. Dort dominiert das Grün der Hopfendolde. Obwohl nun rund hundert Gäste Platz haben, ist es oft schwer, einen freien Stuhl zu ergattern.

Wer auf Nummer sicher gehen oder selbst ein Bierfest ausrichten will, kann das Zoiglmobil der Wirtschaft anfordern. In dem zu einer Schänke umgebauten rollenden Riesenholzfass und dem roten „Durst-Löschwagen" steckt alles, was man für ein Zoiglfest braucht. Manuela und Günter Zimmermann nutzen sie bisweilen auch als Zeitmaschine und lassen damit bei historischen Märkten Jahrhunderte hinter sich. Aber keine Angst: Nur das Drumherum wird mittelalterlich. Die Bierqualität bleibt neuzeitlich.

Die Wirtsleute verfügen übrigens auch über einen historischen Postwagen, den Günter Zimmermann als Wahrzeichen für die Stube restaurieren will.

Beim „Gloser", Hauch von Studentenkneipe

Auch der **„Gloser"** am Lehnerberg 2 ist eine jener Stuben, die dafür verantwortlich sind, dass es bei den Jungen wieder in ist, zum Zoigl zu gehen. Und das liegt nicht nur an den hübschen Wirtstöchtern Anna und Lena. Wer in einem der drei urgemütlichen Räume mit den alten Wandvertäfelungen sitzt, kann sich kaum vorstellen, dass dort noch vor einigen Jahren die sterile Atmosphäre eines Architekturbüros vorherrschte. Wo einst Dachneigungswinkel und Raummaße erörtert worden sind, philosophieren nun bis zu hundert Gäste bei Bier und Brotzeit über Gott und die Welt.

Und was dieses Haus nicht schon alles erlebt hat. Wieder aufgebaut nach dem großen Brand von 1848, war es zuerst ein Kramerladen, dann Milchstelle, Reinigung, Fahrschule, Werkstatt und zuletzt eben Planungsbüro. Als die Architektin auszog, stand das Haus lange leer. „Immobilien sind halt in Windischeschenbach nicht mehr sehr gefragt", zuckt die adrette Wirtin mit den Schultern. Also wurde die eigentlich erst viel später als eine Art „Riester-Rente" geplante Zoiglstube vorgezogen. Seit 2003 schenken Hermine und Martin Popp „Eschawecka" Kommunzoigl aus.

Den Großteil der urgemütlichen Einrichtung hat Hermine Popp im Internet ersteigert. „Wir sind also die Ebay-Zoiglstube", schmunzeln die Popps. Die Wandvertäfelung stammt zum Beispiel aus der Humboldt-Universität in Berlin. Vielleicht liegt es an dieser Ausstattung, dass Journalisten dem „Gloser" sogar schon einen „Hauch von Studentenkneipe" bescheinigt haben. Vielleicht liegt es aber auch einfach am mühelos gelungenen Spagat, Tradition mit Moderne zu verbinden. So wird das mit Wasser vermischte Zoigl-Radler beim „Gloser“ in Anlehnung an den Familiennamen auch schon einmal augenzwinkernd als „Alko-Popp“ bezeichnet. Und zum Bier gibt es nicht nur Presssack und Leberkäs, sondern auch Fischcreme, Radieserlschaum und Oberpfälzer Carpaccio.

Der Name „Gloser“ kommt nicht von ungefähr. Wenn der Wirt nämlich nicht gerade den Gärzustand seines Gebräus überprüft oder Fässer stemmt, dann ist er Kunstglaser. Von ihm stammt zum Beispiel das Heiliggeistfenster in der neuen Kirche im nahen Neuhaus. Das bleiverglaste Jugendstilfenster aus dem Jahr 1925, das beim Zoigl hell leuchtet, befand sich früher in der Villa eines Windischeschenbacher Pappfabrikanten.
Am schönsten ist es beim „Gloser“ an lauen Sommerabenden. Denn dann wird auch der Innenhof bewirtschaftet, der zu den romantischsten Zoiglgärten der Oberpfalz gehört. Die nächste Generation steht schon bereit. Sohn Moritz hat beruflich den Weg des Brauers und Mälzers eingeschlagen.

Der „Gloser“ ist eine jener Stuben, die auch junge Leute zu Zoiglfans machen. Martin Popp und seine Tochter Anna haben alle Hände voll zu tun, um für Nachschub zu sorgen.

„Binner": Geistreiche mit viel Tradition

Eigentlich könnte die Zoiglstube **„Binner"** im Windischeschenbacher Stadtteil Kleiau auch „Beim Emmeram" heißen, denn so lautete der Vorname des Vaters des Wirts und auch der des Urgroßvaters. „Sie hießen alle so wie unsere Pfarrkirche", erzählt Wirt Robert Sperber und deutet auf eine Fotografie und ein Ölbild, die über den gemütlichen Eckbänken in der Nähe des Zapfhahns an der Wand hängen. Natürlich heißt auch der Sperber-Robbie mit zweitem Namen Emmeram. Noch etwas hat er von seinen Ahnherr übernommen: die Schnapsbrennerei. Die „Scharfen" auf seiner Karte stammen fast ausnahmslos aus eigener Erzeugung. Gleich nebenan hat der Wirt eine Destillation eingerichtet, in der das blank polierte Kupfer blitzt. Die in hübschen Geschenkverpackungen angepriesenen, feinen Destillate sind ein begehrtes Mitbringsel. Die Renner sind ein Zoiglbierbrand und der aus Williams-Christ-Birnen gemachte „Binnergeist".

Die „Scharfen" sind das zweite Standbein von Robert Sperber. Neben der Schankstube hat der „Binner" eine Destillation eingerichtet.

Rund hundert Besucher haben in den zwei Zoiglstuben Platz. Der Hausname „Binner" erinnert daran, dass die Vorfahren Fassmacher waren. Auch der gelernte Schreiner Robert Sperber hat die Kunst noch vom Vater gelernt, er stellt aber keine Fässer mehr her, sondern hat sich ganz auf die Inhalte spezialisiert. Dazu kredenzt Sperber hausgemachte Spezialitäten wie Wildderersalat.

Zoigl beim Loistl: Der Dauerbrenner

Nein, auf den Märchenkönig Ludwig II. lässt Anni Loistl gar nichts kommen. „Der Kini hätte den Zoigl bestimmt auch gemocht, wenn er ihn gekannt hätte. Schließlich war er ein Schöngeist", erklärt sie im Brustton der Überzeugung. Die Wirtin hat deshalb ein Bild des Märchenkönigs in der Zoiglstube **Loistl** in der Neustädter Straße 8 hängen. Doch nicht nur deswegen ist ihre Wirtschaft multikulturell. „Bei uns waren schon einmal zweiundzwanzig Nationen gleichzeitig", erinnert sich Anni Loistl an einen Besuch von Geologiestudenten, die nach einem Bohrloch-Besuch dem Zoigl frönten. Dabei hat sich wieder einmal gezeigt, dass der Selbstgebraute ein wahrer Zaubertrank ist. Wie beim Pfingstwunder gab es nach der dritten oder vierten Halbe keinerlei Verständigungsprobleme mehr. Nach Mitternacht lernte sogar ein Mexikaner von einer Südtirolerin in Windischeschenbach das Jodeln.

„Vor dem Zoigl sind halt alle gleich", lacht die Wirtin, die schon in der Wiege die ersten Bierspritzer abbekommen hat. Ihr Elternhaus war der „Fiedlschneider", eine der traditionsreichsten und gemütlichsten „Eschawecka" Zoiglstuben. 1982 kaufte Anni Loistl mit ih-

In den Zoiglstuben, wie hier im „Schlosshof", rückt man gerne eng zusammen.

rem Mann Rudolf das Anwesen an der Neustädter Straße und eröffnete dort vier Jahre später die Kommunbraustube, in der rund siebzig Gäste Platz haben. Im Gegensatz zu den anderen Zoiglwirtschaften ist dort jede Woche an Werktagen Ausschank. Der Loistl macht den Zoigl zum Dauer(b)renner.

„Schlosshof": Stube mit viel Geschichte

Der **„Schlosshof-Zoigl"** ist eine jener Stuben, in denen das, was auf dem Teller liegt, wesentlich wichtiger ist als das, was an den Wänden hängt. Sprich: Die Gäste kommen wegen Lissis Küche und natürlich dem süffigen Zoigl. Fast schon legendär sind die riesigen warmen Krakauer, das Gulasch und das knusprige Schäuferl. Wer davon kosten will, sollte sich sputen. Die täglich wechselnden Schmankerln sind heiß begehrt und meist schnell ausverkauft.

Seit 1989 schenkt die Familie Weiß am Schlosshof 13 Zoigl aus dem Kommunbrauhaus aus. Die beiden schlicht eingerichteten Stuben mit rund neunzig Plätzen sind von der Neustädter Straße aus zu erreichen. In der Nähe des Stadtbachs zweigt die Straße zur Wirtschaft ab. Das alte Schloss derer von Herding ist mit Ökonomiegebäuden und Stallungen 1810 bei einem mysteriösen Brand in Schutt und Asche versunken und nicht mehr aufgebaut worden. Nur ein Wappenstein, der vermutlich aus dem Schloss stammt, ist geblieben. Er ziert das Bierfilz der Stube. Das Original ist im Wohnhaus der Familie eingemauert. Im Sommer ist der hübsche Innenhof bestuhlt.

Früher durfte im Schlosshof übrigens kein Zoigl verkauft werden. Dann und wann verstießen der Hofmarksrichter und der Ökonomiepächter dagegen und gaben Bier gegen Bares ab. Darüber regten sich die Kommunbrauer mächtig auf. 1781 wurden sie deswegen sogar handgreiflich. Als der Hofmarkswirt von Wildenreuth zwei Fässer Bier vom Schlosskeller abholte, wurde er auf stiftischem Hoheitsgebiet überfallen und seiner Fässer beraubt. Der Neuhauser Richter erklärte diese Selbstjustiz für rechtswidrig und bestrafte die Übeltäter. Wie sich doch die Zeiten ändern.

Beim „Roudn" haben alle Stammgäste noch wie anno dazumal ihr eigenes Bierkrügerl mit graviertem Zinndeckel.

„Da Roude": Zoigl in der Hutzastube

Wenn **„Da Roude"** Zoigl hat, muss man nicht lange suchen. Die Stube liegt direkt am Beginn des Stadtplatzes (Haus Nummer 3). Durch ein kleines, hölzernes Hoftürchen gelangt der Gast zuerst in einen mit großen Granitsteinen gepflasterten Innenhof. Rechts hängt an der Wand die alte Holzleiter, die Anton Heinl braucht, um alle paar Wochen den hölzernen Zoiglstern in die Verankerung an der Hauswand zu hieven. In der Stube scheint die Zeit stehengeblieben zu sein. Genauso oder zumindest so ähnlich hat wohl auch die Hutzastube der Urgroßeltern ausgesehen, die dort noch Federn geschlissen, sich schaurig-schöne Geschichten erzählt und natürlich Zoigl getrunken haben. Der gusseiserne Herd wird mit Holz und Kohle beheizt. An den Wänden hängen vom vielen Kochen geschwärzte Pfannen mit abgegriffenen Holzstielen. In einer Wandnische steht eine Schnupftabakdoserl-Sammlung mit mundgeblasenen und handgeschliffenen Kostbarkeiten aus Bleikristall. Sie stammen aus der Zeit, als das Waldnaabtal noch als europäisches Zentrum der Bleikristallproduktion galt. Jeder Dritte war damals ein „Gloserer".

Die Stube ist mit etwa fünfunddreißig Plätzen nicht nur die kleinste Windischeschenbacher Zoiglwirtschaft, sondern auch die einzige, die außerhalb der Schanktage richtig bewohnt wird. In der rustikalen Bauernstube schlürft Anton Heinl morgens seinen Kaffee aus dem Haferl und liest in der Lokalzeitung, was sich in der Welt so tut. Auf dem Holz-Kohle-Ofen gart Ehefrau Brigitte derweil im Dämpfer die Erdäpfel, die aber nicht mehr vom eigenen Acker kommen. Die Landwirtschaft haben die Heinls 1979 aufgegeben. „Der Betrieb hat sich einfach nicht mehr rentiert", erzählt der Wirt, der mittlerweile mit dem Werkstoff Glas seinen Lebensunterhalt verdient. Dies verraten viele kleine zerbrechliche Kunstwerke im Innenhof, der an lauen Sommerabenden bewirtschaftet wird.

Stammgäste haben beim „Roudn" noch immer ihren eigenen Krug mit graviertem Zinndeckel. Für Weinliebhaber gibt es immer mindestens einen guten Roten aus dem Keller des Wirts. Anton Heinl mag zwar die Zoigltradition und das gemütliche Zusammensitzen in der Stube, ist aber selbst überhaupt kein Biertrinker, sondern ein bekennender Freund von Rebensäften. Wer glaubt, dass dies der Grund für den Namen der Stube wäre, der irrt. Dafür war die Politik verantwortlich. Als der Vater des Wirts, eigentlich ein ganz „Schwarzer", beim Politisieren mal wieder recht arg über die Entscheidungen der CSU herzog, musste er sich anhören, dass er in Wirklichkeit „ganz ein Rouda" sei. Dieser Name ist den Heinls geblieben.

„Fiedlschneider": ein Stück Zoiglgeschichte

Eine der traditionsreichsten Zoiglstuben der Region ist der **„Fiedlschneider"** am Stadtplatz 15. Seit über hundert Jahren schäumt dort hausgegärtes Bier aus dem Zapfhahn. Nach dem Tod von Rita Sperber drohte im September 2008 diese Ära zu Ende zu gehen, da es keine Kinder gab, die weitermachten.

Jürgen und Silvia Köllner haben sich einen Traum erfüllt und die traditionsreiche Zoiglstube „Zum Fiedlschneider" erworben und neu eröffnet.

Doch nach nur rund zehn Monaten öffnete die Wirtschaft wieder. Die Erbengemeinschaft verkaufte das Haus an Jürgen und Silvia Köllner. Die zwei Windischeschenbacher Zoiglfans hatten schon lange nach einer Schankstube Ausschau gehalten. „Für meinen Mann ging ein Traum in Erfüllung", verrät die Hobbywirtin, die eigentlich Krankenschwester ist.

Die Köllners haben bei der Renovierung die Stube sehr behutsam erneuert. Vieles ist so geblieben, wie es war. Schließlich ist der „Fiedlschneider" ein Stück Zoiglgeschichte. Neben der gemütlichen Stube mit rund siebzig Plätzen gibt es einen Gewölberaum und einen Biergarten, in dem bei schönem Wetter etwa sechzig Gäste bewirtet werden können. Auch den alten Stern haben die Köllners mit dem Haus übernommen. Wenn er vor der Tür baumelt, dann gibt es neben echtem Kommunbier und den üblichen Brotzeiten abwechselnd besondere Schmankerln.

„Wolframstub'n": Bier aus Hausbrauerei

In der **„Wolframstub'n"** an der Hauptstraße 10 gibt es nicht nur Bier, sondern auch Brot aus eigener Herstellung. Obwohl der „Forster-Schorsch" sein Kommunbraurecht nicht mehr nutzt, steckt in der Zoiglwirtschaft ungemein viel Biertradition. Bäcker waren im Mittelalter oft die besten Brauer am Ort. Sie standen manchmal sogar im Ruf, mit dem Teufel im Bunde zu sein. Dabei gab es einen ganz einfachen Grund für den teuflisch guten Zoigl der Bäckermeister.

Als noch niemand von der Bedeutung der Hefe für den Gärprozess wusste, war das Brauen ein Lotteriespiel. Bei den Bäckern ge-

Der „Forster-Schorsch" verwandelt Getreide nicht nur in Bier, sondern auch in Brote. Mit der „Wolframstub'n" setzt er die uralte Tradition der brauenden Bäcker fort.

langten immer Hefepilzsporen aus der Backstube zum Bierbottich und brachten jeden Sud zum Gären. Auch das Rumpelstilzchen aus Grimms Märchen war vermutlich so ein brauender Bäcker, singt es doch: „Heute back ich, morgen brau ich und übermorgen hol' ich der Königin ihr Kind ..." Doch zurück zur „Wolframstub'n". Obwohl das Kommunbrauhaus gleich um die Ecke steht, hat Seniorchef Alfons Würth, der Onkel des heutigen Wirts, 1994 selbst ein Sudhaus eingerichtet. Als Zoigl im Kommen war, wollte Würth eigentlich die Gemeinschaftsbrauerei ausbauen und modernisieren. Am liebsten hätte er gleich ein neues, modernes Brauhaus errichtet. Sogar einen Sudkessel hatte er schon im Fränkischen erworben und nach Windischeschenbach bringen lassen. Doch die Pfanne wurde nie eingebaut. Die anderen Anteilseigner waren von den Zukunftsplänen wenig begeistert und verweigerten ihre Zustimmung. So blieb im Kommunbrauhaus alles beim Alten, und Würth investierte in ein eigenes Sudhaus. Gleich neben der urigen Stube dampfelt nun der Gerstensaft. Zwei professionelle Brauer kommen von Zeit zu Zeit ins Haus und kochen Würze. Die Energie stammt nicht wie im gemeinschaftlichen Brauhaus von einer Holzfeuerung, sondern aus dem Gashahn, und das Bier landet am Schluss nicht im offenen Kühlschiff, sondern im modernen Whirlpool.

Paradoxerweise ist ausgerechnet die 1977 eröffnete „Wolframstub'n" die einzige Zoiglwirtschaft, die gleich zwei Anteile am Kommunbrauhaus hält. Das alte Anwesen ist aus zwei Häusern mit Braurecht entstanden. Nach einer Erweiterung haben in der urgemütlichen Stube mit Bauernschränken und zahlreichen ungewöhnlichen Einrichtungsgegenständen rund hundertzwanzig Gäste Platz. Für Gruppen gibt es Brauereiführungen mit Zoigldiplom. Spezialitäten des Hauses sind das Sauerkraut, für die Damen ein Zoigl-Likör mit Sahnehäubchen und natürlich die Brote zu den Brotzeiten. Über zwanzig Biosorten hat Forster aus Natursauerteig bereits kreiert, darunter den pfundigen „Waldnaabtaler", einen Drei-Kilo-Laib, der auch ohne Wurst schmeckt.

Zoigl von A bis Z

Böia: umgangssprachlich für Bier

Eschawo, Eschawecka: umgangssprachlich für Windischeschenbach(er)

Fotzhobel: umgangssprachlicher Ausdruck für Mundharmonika

Isling: umgangssprachlich für den Kommunbrauort Eslarn

Huderl: aus dem Bayerischen Wald stammender Begriff für Schelmenstück, lustige Geschichte. Der Ausdruck ist mit den Glasmachern in die Zoiglorte gekommen.

Pfief: ein in einem Halbeglas eingefüllter Schoppen Zoigl; eine noch kleinere Maßeinheit ist ein „Maalvul"

Weidauer: umgangssprachlich für die Einwohner von Weiden

Zöich, Ziehwanst: Oberpfälzer Begriff für Akkordeon oder Schifferklavier

Erdäpflsuppn: deftige Kartoffelsuppe

Gselchts: geräucherter Speck

Mogndratzerl: kleine Portion eines Gerichts

Obatzda: Käsespezialität

Pimperlkraut: gedünstetes Weißkraut

Presssog mit Musi: mit Zwiebeln und Essig angemachter Presssack

Sauana Kas: Käse, eingelegt mit Essig und Zwiebeln

Sauane Zipfel: saure Bratwürste

Speckbroud: Brot mit Geräuchertem

Wasserschnalzn: Wassersuppe mit Zwiebeln und Fett

Wülderersolod: Wurstsalat, meist nach Art des Hauses

Neuhaus bleibt beim Bier selbstständig

Braurecht von Landgrafen erhalten

Auf Landgraf Johann III. von Leuchtenberg lassen die Neuhauser so schnell nichts kommen. Schließlich war er es, der ihnen am 13. Dezember 1415 das Braurecht übertragen hat. Damit ist die Neuhauser Biertradition deutlich älter als die der Windischeschenbacher, was die Städter unten an der Waldnaab natürlich unheimlich wurmt. Und das Braurecht währt auch rund hundert Jahre länger als das Bayerische Reinheitsgebot, was die Neuhauser wiederum ungemein freut.

Bei der Gebietsreform 1972 hat der frühere Marktflecken seine Eigenständigkeit verloren und kam zu Windischeschenbach. Beim Bier sind die Bürger selbstständig geblieben. Das Kommunbrauhaus an der Neustädter Straße hat ebenso wie die im Jahr 1300 von den Leuchtenbergern auf steilem Fels über der Waldnaab errichtete Burg auch diese Wirren überdauert wie so viele in der Geschichte. In der Burg befindet sich heute übrigens ein Museum des Oberpfälzer Waldvereins, das die Geschichte und die Natur des Waldnaabtals beleuchtet. Gebraut wird in Neuhaus noch so wie anno dazumal. Nur die Zeiten, in denen der Amtsbote mit der Glocke durch den Ort ging und davor warnte, den Bach zu verschmutzen, weil morgen Bier gemacht werde, sind vorbei. Heute landet Wasser des Zweckverbands „Steinwaldgruppe" in den Kesseln. Dazu kommen Hopfen aus der Hal-

Der Stern vom „Schoilmichl" ist besonders kunstvoll geschmiedet.

Auch wenn es hoch hergeht, haben Constanze Feneis und Irmi Schönberger beim Bedienen doch immer noch ein Lächeln auf den Lippen, zeigt doch ein reißender Bierabsatz, dass dem Zoiglwirt wieder ein ungemein süffiges Bier gelungen ist.

lertau und Braugerste, welche die örtliche Windschiegl-Mühle liefert.

Die dampfenden Bottiche im Brauhaus sind das Reich von Ernst Schönberger, Thomas Witt und Otto Punzmann, den drei „Braumeistern" der Neuhauser Biergenossenschaft. Richtig als Beruf gelernt hat keiner von den dreien das Handwerk. Wie berühmte Politiker manchmal ehrenhalber einen Doktortitel honoris causa bekommen, gibt es hier in der Nordoberpfalz Braumeistertitel ehrenhalber. Die drei Männer haben die Kunst von ihren Vätern übernommen und wollen sie auch selbst wieder an ihre Kinder weitergeben.

Nutzen darf das Kommunbrauhaus nur, wer ein Anwesen mit Braurecht im Ort besitzt. Rund ein Dutzend Bürger tun dies, darunter die sechs Neuhauser Zoiglwirte „Bahler" Thomas Witt, „Käck'n" Matthias Schönberger, Schafferhofwirt Reinhard Fütterer, „Schoil-

Die brauberechtigten Bürger von Neuhaus haben ihr Kommunbrauhaus 2007 durch die Gründung eines Vereins rechtlich abgesichert. Vorne kniend, von links: Richard Franz („Hanssimmer"), Matthias Schönberger („Käck'n") und Klaus Bauer („Lingl"); zweite Reihe, von links: Hermann Müller („Busl"), Ernst Schöberl („Binner"), Josef Bergler („Bahlerhansl"), Thomas Witt („Bahler"), Albert Mark („Bädersimmer"), Resi Uhl („Faber") und Bernhard Mayer („Faberschouster"); dritte Reihe, von links: Otto Punzmann („Teicher"), Manfred Punzmann („Schoilmichl"), Christl Höcht („Hopfner"), Siegfried Windschiegl („Beck'n"), Roswitha Merther („Probst"), Franz Bäumler („Sausewind"), Alfons Bergler und Anton Schön; vierte Reihe, von links: Reinhard Egeter, Bernhard Stangl („Peterstoffl"), Rupert Beer („Schmidgougl") und Reinhard Fütterer (Schafferhof).

michl" Manfred Punzmann, „Teicher" Jürgen Punzmann und seit Jahresbeginn 2009 „Lingl" Klaus Bauer, der seine frühere Wirtschaft „Zum Heimgarten" in eine Zoiglstube verwandelt hat

Am meisten Zoigl-Erfahrung bringt Ernst Schönberger mit. Wenn er so mit dem ins Gesicht gezogenen Hut vor dem Sudkessel steht und die Armaturen überwacht, kann den Seniorchef vom „Käck'n" so schnell nichts und niemand aus der Ruhe bringen. Seit über dreißig Jahren lässt er es bereits im 1876 erbauten Brauhaus „dampfln".

Wie oft er die Sudpfanne gefüllt und wieder geleert hat, weiß Schönberger selbst nicht mehr. Mit Sicherheit einige hundert Mal, wahrscheinlich sogar über tausend Mal. Schönberger hat es mittlerweile im Gefühl, wann was zu tun ist. Er weiß, wann er am Kessel das Kochen der Maische überwachen oder Holz nachlegen muss, und er erkennt, wann er sich ins gemütliche Bräustüberl nebenan zu einer Brotzeit zurückziehen kann. Auch die gehört zum Brauen. Schließlich dauert es einen Tag, bis die Würze fertig ist. Kurzum: Der Schönberger hat einfach die Geduld, die ein guter „Zoiglmacher" braucht, um die Grundlage für ein exzellentes Bier zu schaffen. Denn was der Brauer in den ersten Stunden verhunzt, kann der Wirt bei der mehrwöchigen Gär- und Reifezeit des Biers im eigenen Keller nicht mehr gutmachen.

Schafferhof für Zoiglfans ein Muss

Zoigl und Kultur gehen im Schafferhof eine einzigartige Verbindung ein. Dem kann sich auch Willy Michl (unten) nicht entziehen, der schon mehrfach in der Tenne zu Gast war.

Die bekannteste Neuhauser Zoiglstube ist der **Schafferhof**, der einstige Wirtschaftshof der Burg Neuhaus. Reinhard und Gabi Fütterer sind mit der Renovierung des ehemals heruntergewirtschafteten Anwesens und ihren brillanten Ideen maßgeblich mit dafür verantwortlich, dass der Kult um den Oberpfälzer Zoigl entstanden ist.

Doch der Reihe nach. Es begann alles mit einem Sonntagsspaziergang. Reinhard und Gabi Fütterer flanierten, wie so oft, zur altehrwürdigen Burg über dem Waldnaabtal. Das auf einer Felszunge errichtete Bauwerk war einst Jagdsitz der mächtigen Landgrafen von Leuchtenberg und ist zusammen mit dem ungewöhnlichen Butterfassturm das Wahrzeichen des schmucken Ortes.

Dabei kam der Bezirkskaminkehrermeister mit seiner Frau am Schafferhof vorbei, der seit einigen Jahren unbewohnt war und immer mehr verfiel. Die Eheleute, die nur einige hundert Meter von dem Hof entfernt wohnen, hatten schon immer ein Faible für alte Sachen. So sinnierten sie, wie schön es wäre, wenn das geschichtsträchtige Vierseitanwesen hergerichtet würde. Auch eine Nutzung war mit dem Neuhauser „Nationalgetränk" Zoigl schnell gefunden.

Zwei Jahre später war der Traum Wirklichkeit geworden. Im Dezember 2000 eröffneten Gabi und Reinhard Fütterer an der Burgstraße 6 die erste Stube. Mittlerweile gibt es im denkmalgeschützten Anwesen vier liebevoll eingerichtete Schankräume mit insgesamt hundertvierzig Plätzen, eine Tenne mit hundertzwanzig Plätzen, die hauptsächlich für kulturelle Veranstaltungen genutzt wird, und neuerdings auch einen Feststodl für besondere Ereignisse. Bei schönem Wetter ist im gepflasterten Innenhof rund um den Brunnen Biergartenbetrieb mit weiteren zweihundert Plätzen. Trotzdem ist es bisweilen schwierig, einen freien Stuhl zu ergattern. Kein Wunder: Zeitungen, Magazine und Fernsehsender berichten immer wieder am Beispiel des Schafferhofs über das Oberpfälzer Bierwunder. Der Schafferhof ist in kurzer Zeit zum Inbegriff echter Kommunbrautradition geworden.

Das kommt nicht von ungefähr. Mit ihrem Konzept haben die Fütterers dem Zoiglwesen viele neue Impulse verliehen und den Ausschank des Haustrunks zum Event gemacht. Wenn der gelernte Schlotfeger Fütterer, der „Altneihauser Feierwehrkommandant" Norbert Neugirg sowie der Bau- und Immobilien-Verkaufsleiter Werner Schick die Köpfe zusammenstecken, dann gibt es meistens wenig später etwas Ungewöhnliches zu erleben. Den Isar-Indianer Willy Michl haben sie ebenso schon auf den Schafferhof geholt wie Gus Backus, Max Greger junior, Claudia Koreck, die Sportfreunde Stiller und den früheren Nockherberg-Fastenprediger Michael Lerchenberg, auch als „Prälat Hinter" aus der Fernsehreihe „Der Bulle von Tölz" bekannt.

Reinhard Fütterer (Dritter von rechts) hat den Schafferhof aus dem Dornröschenschlaf erweckt und ihn mit vielen pfiffigen Ideen zur bekanntesten Zoiglwirtschaft der Region gemacht.

In der Stube lehrt ein pensionierter Schulrat regelmäßig in Kursen das Schafkopfspielen, in der Tenne gibt es Rock- und Bluesabende, Lesungen, Theatervorstellungen und Kunstausstellungen. Kurzum: Es ist fast immer etwas los.

Zoigl und Schafferhof passen einfach zusammen. Beide sind ungemein geschichtsträchtig. Schon um 1300 ließen die Leuchtenberger das Anwesen für die Bewirtschaftung der Burg errichten. Von 1515 an hatten die Mönche des Klosters Waldsassens auf dem stolzen Besitz das Sagen. Vor der Säkularisation ging der Gutshof 1799 in Privatbesitz über. Bis weit ins 20. Jahrhundert hinein wurde das Anwesen als Landwirtschaft und Bäckerei genutzt.

Dieser Vergangenheit fühlen sich die Fütterers verpflichtet. Schnickschnack und Pseudonostalgie haben keine Chance. Selbst ein gewagtes modernes Kunstwerk wie der von weiblichen Rundungen gefasste, wasserspeiende Karpfen von Bildhauer Adolf Kraft aus Kastl, der den gepflasterten Innenhof ziert, stellt die Geschichte nur auf den ersten Blick auf den Kopf. Schließlich ist die Historie des Hofs eng mit der des Klosters Waldsassen verbunden. Die Mönche haben wiederum die Karpfenzucht und auch den Zoiglabsatz in der Region gefördert. Der Brunnen mit der schwergewichtigen, nackten Bronzeschönheit beflügelt die Fantasie, so wie der dem Verfall preisgegebene Schafferhof einst die Gedanken der Fütterers beflügelt hat.
Es passt einfach eins zum anderen.

Auch Poeten der Region haben sich längst einen eigenen Reim auf das Kunstwerk gemacht. So dichtete Norbert Neugirg zur Einweihung des Brunnens:

Die Oberpfalz ist karpfenreich
und springst Du in den Karpfenteich,
ergeht's Dir je nach Körperbau
mit etwas Glück wie dieser Frau.

... und der Windischeschenbacher Hannes Rupprecht reimte:

Die Nixe steht hier ohne Hemd,
der Karpfen wirkt – etwas verklemmt.
Die Nixe fängt in dieser Pose
Karpfen gerne ohne Hose.
Man sah hier manchen lange steh'n,
den Karpfen hat er nicht geseh'n.
Bisweilen hat die Weiherhex'
mit einem alten Karpfen Sex.

Das halbe Dorf half bei der Renovierung

„In Tausenden Arbeitsstunden unterstützten uns Freunde und Dorfbewohner bei dem ehrgeizigen Vorhaben, den Hof herzurichten", erinnert sich Reinhard Fütterer an die Anfänge. Wenn der Wirt dies erzählt, beginnen seine Augen zu leuchten. Sogar den alten Bauerngarten haben die Eheleute wieder belebt und ziehen darin Kräuter zum Würzen der deftigen Brotzeiten. Und an der Südfassade ranken sich neuerdings an Holzspalieren und -stangen alte Obstbaumsorten und Hopfenzweige in die Höhe ...

Mindestens genauso wichtig wie das Ambiente ist im Schafferhof das, was auf den Tisch kommt: Eier von glücklichen Hühnern aus der Nachbarschaft, selbst gezogene Kräuter, Wurstwaren aus bäuerlicher Hausschlachtung oder von Landmetzgereien aus der Region sowie Schnäpse und Liköre aus

Der Schafferhof ist auch das Hauptquartier der bekannten „Altneihauser Feierwehrkapell'n" von Kommandant Norbert Neugirg (Dritter von rechts). Seine Zoiglpoesie hat Neugirg sogar schon Vergleiche mit Karl Valentin eingebracht.

ungespritzten süßen Früchten der Oberpfälzer Streuobstgärten. Es versteht sich von selbst, dass dazu nur echter Kommunbrau-Zoigl passt. Das Bier lässt der „Kitty", wie die Freunde den Wirt ebenso liebe- wie respektvoll nennen, im Neuhauser Brauhaus kochen und anschließend bei sich im Keller reifen.

Wenn nicht gerade Hochbetrieb ist, was sehr selten vorkommt, ist der Wirt durchaus auch einmal zu einer Sonderführung durch seinen uralten Felsenkeller bereit. Der von Hand in den Granit gehauene Gang ist jahrhundertealt. Auch über einen eigenen, zwölf Meter tiefen Brunnen verfügt das Anwesen. Zwei Quellen sorgen dafür, dass das Wasser dort so gut wie nie versiegt.

Hauptquartier der „Feierwehrkapell'n"

Der Schafferhof ist zudem das Hauptquartier der „Altneihauser Feierwehrkapell'n", die mit allerlei charmant verpackten Bosheiten zündelt. Wo Norbert Neugirg und sein witzig gekleideter Löschtrupp auftauchen, da bleibt kein Auge trocken und kommt kein „Großkopferter" ungeschoren davon. Egal ob die früheren Ministerpräsidenten Edmund Stoiber, Günther Beckstein, Landesvater Horst Seehofer oder Ex-Landrätin Gabriele Pauli: Alle waren sie beim Frankenfasching in Veitshöchheim schon Ziel eines beim Zoigl geplanten „Löschangriffs".

Auf Zoigl mehr als einen Reim gemacht

Wenn es den Ehrentitel „Zoigl-Botschafter" gäbe, dann müsste damit als Erster Norbert Neugirg ausgezeichnet werden. Wo immer es geht, macht der aus Funk und Fernsehen bekannte Kabarettist aus Windischeschenbach Werbung für das Kommunbrauwesen seiner Oberpfälzer Heimat. Und er ist einer der erbittertsten Kämpfer für den Schutz des echten Zoigls. „Darin steckt schließlich eine über sechshundertjährige Tradition, die man nicht einfach aufgeben darf", sagt er. Es gibt kaum ein Thema, über das sich Neugirg so viele Reime gemacht hat wie über die Zoiglbierkultur. Stets mit einem Augenzwinkern bringt er in seinen genialen Zwei- und Vierzeilern das Besondere am Zoigl und den Kampf um den Erhalt der Tradition, aber auch die Eigenheiten vieler Zoiglwirte genau auf den Punkt. Seine Reime zieren viele Bierfilze und hängen gerahmt in etlichen Zoiglstuben, so zum Beispiel folgender Vers, der an der Garderobe vom Schafferhof steht:

„Hereinspaziert und Gott zum Gruße!
Vom Nerz bis hin zur Kuhstallbluse:
Wer auf seinen Fetzen schaut,
dem wird derselbe nicht geklaut."

Norbert Neugirg hat übrigens auch seine eigene „Biermarke". Er hat sie nach seiner Kapelle „Altneihauser naturtrüb" genannt und ganz in Tradition der „Eschawecka" Zoiglbiere die Würze dafür im Neuhauser Kommunbrauhaus nach einer Spezialrezeptur sieden lassen. Das Gebräu gab es erstmals 2010 zum fünfundzwanzigjährigen Bestehen seiner Ulktruppe im Schafferhof. Der Kommentar des Kommandanten dazu lautete: „Wer auf die Oberpfalz und Gott vertraut, trinkt Altneihauser trüb gebraut!"

Ein besonderer Gag war 2010 der Druck von Kunst-Zoiglfilzln zum Neuhauser Kommunbrauertag. Die Untersetzer sind mittlerweile begehrte Sammlerstücke.

Die Einheit der Kommunbrauer

Wenn der Rest der Republik am 3. Oktober die Einheit Deutschlands feiert, dann stoßen die Neuhauser Kommunbrauer auf ihr gemeinsames Bierrecht an. Nur an diesem einen Tag haben alle sieben Neuhauser Zoiglstuben gleichzeitig geöffnet, was Bier- und Brotzeitliebhaber von nah und fern anlockt. Bei Live-Musik, deftigen Brotzeiten und natürlich den verschiedenen Zoiglbieren wird ausgelassen gefeiert. Meist gibt es auch eine Stempelkarte. Wer sieben an einem Tag schafft, kann an einer Verlosung teilnehmen. Das Fest beginnt traditionell um 10 Uhr mit dem Bieranstich.

2010 gab es zum „Tag der Einheit der Neuhauser Kommunbrauer" noch ein besonderes „Zuckerl" für die Gäste: sieben Kunstfilzln mit Radierungen des Neustädter Künstlers Stefan Schadeck. Wer alle sieben hat, kann den Weg eines Zechers durch die Neuhauser Kommunbraustuben sehen. Jeder Wirt bekam von diesem begehrten Sammlerstück genau 1415 Exempare. Die Menge entsprach also der Jahreszahl der Verleihung des Kommunbraurechts. Übrigens: Am Tag der Kommunbrauer verkehren vom Bahnhof in Windischeschenbach Pendelbusse zum Neuhauser Marktplatz.

Auch Mitterteich hat mittlerweile seinen Kommunbrautag. Dort heißt es alljährlich am Marktsonntag zur Michaeli-Kirchweih (meist am vierten Sonntag im September) „azapft is".

„Teicher": immer zuerst ein Freibier

Eng mit der Geschichte der Burg verbunden ist auch der **„Teicher"** am schmucken Marktplatz, der eigentlich Punzmann heißt. Schon seit Urzeiten kocht die Familie im nahen Kommunbrauhaus ihr eigenes Biersüppchen. Die Bewohner des Anwesens mit der Hausnummer 4 hatten einen besonders guten Draht zur Herrschaft in der Burg. Der Hausname „Teicher" weist darauf hin, dass sie früher für die Bewirtschaftung des Burgweihers, in dem sich Butterfassturm und Schafferhof spiegelten, zuständig waren. Der Burggraben ist lange schon trockengelegt. Heute nutzt die Fläche die Windischeschenbacher Laienschauspielschar als Freilichtbühne.

Hinter dem großen Hoftor führen beim „Teicher" ein paar Stufen durch einen kleinen Flur zu den beiden Schankstuben, in denen etwa achtzig Gäste Platz haben. Viecher gibt es auf dem Hof nicht mehr, deshalb können die Punzmanns ihren Innenhof bei Schönwetter auch als Biergarten nutzen. Bei der Aussiedlung des Bauernhofs in den 60er Jahren machte Otto Punzmann aus der Not eine Tugend, baute Backhaus und Futterkammer um und begann, dort und im alten Wohnzimmer Bier auszuschenken. „Damit war ich nach dem Krieg einer der Ersten, die wieder mit dem Zoigl anfingen", erinnert sich der Seniorchef, der die Stube fast dreißig Jahre lang mit seiner Frau Renate bewirtschaftet hat. Mittlerweile hat er sie an Sohn Jürgen übergeben. Schon der Vater und der Urgroßvater von Otto Punzmann schenkten Zoigl aus, und sie taten es damit wahrscheinlich ihren Vätern und Urgroßvätern gleich. Wie lange die Tradition in der Stube mit der Burg auf dem Filzl zurückreicht, lässt sich nicht mehr nachvollziehen.

Der „Teicher" Otto Punzmann war nach dem Krieg einer der Ersten, die in Neuhaus wieder mit dem öffentlichen Ausschank von Zoigl begannen.

Beim „Teicher" gärt das Bier noch in einem richtig alten Felsenkeller. „So wie früher", strahlt der gelernte Kfz-Mechaniker Otto Punzmann. Und wie sehr sich die Familie über jedes Zoigl-Wochenende freut, zeigt ein alter Brauch: Das erste Bier, das in der Stube mit dem rustikalen Wohnzimmerschrank und den kunstvoll geschliffenen Bleikristallpokalen ins Glas fließt, geht seit Jahrzehnten auf Kosten des Hauses.

„Käck'n": Brotzeit, Bier und Brummtopf

Nur ein paar Meter weiter ist mit dem **„Käck'n"** am Marktplatz 18 schon die nächste Zoiglstube. Woher der alte Hausname kommt, weiß keiner mehr so recht. Ein Onkel habe bereits einmal danach geforscht und es auch nicht herausgebracht. Irgendwann habe er das Forschen dann wieder aufgegeben, erzählt Seniorchef Ernst Schönberger. „Vielleicht war ein Vorfahre von uns besonders keck", mutmaßt der Wirt, der so viel vom Zoigl versteht wie kaum ein anderer. Seit Jahrzehnten ist der Ernst schon „Braumeister" in Neuhaus. Damit gehört der Besuch beim „Käck'n" zum Pflichtprogramm für jeden, der sich für den Zoigl interessiert.

Ein Zoigl-Original war Karl Bäuml aus Gleißenthal, der drei Instrumente gleichzeitig spielte und deshalb unter dem Hausnamen als „Vetterl-Trio" auftrat.

Hinter dem Tor des Marktplatzhauses mit der Nummer 18 führt in der Hofeinfahrt eine schmale Treppe links zu den beiden gemütlichen Stuben, welche die Schönbergers nach dreißigjähriger Schankpause in den 80er Jahren neu eröffnet haben. Neunzig Besucher haben dort Platz. Im Sommer kommen bei passendem Wetter noch einmal rund sechzig Plätze im Innenhof dazu.

Die Zutaten für Presssack mit Musik, Hausmacherteller, Wurstsalat, Kesselfleisch und die anderen deftigen Brotzeiten kommen aus der eigenen Wurstkuchl, die ein Stockwerk tiefer liegt. Das ist das Reich von Matthias Schönberger, der gelernter Metzger ist. Gleich nebenan reift das Bier in einem modernen Edelstahl-Gärbottich heran. In der Küche hat Ehefrau Renate das Sagen, die nie müde wird, neue Gäste aufzuklären, dass es DER Zoigl heißt. „Er ist männlich, und darum schmeckt er so gut." Und wenn der Wirt Zeit hat, dann greift er auch schon mal selbst zum Akkordeon. Besonders zünftig wird es, wenn zufällig auch noch ein Spezl vorbeischaut und mit dem Brummtontopf den Rhythmus vorgibt.

„Zoigl-Luder" und Henkel-Wände

Wenn adrette Bedienungen als scharfe „Zoigl-Luder" von Kalenderblättern lachen und die Henkel von Bierkrügen an verputzten Stallwänden zu sehen sind, dann hängt beim **„Bahler"** am Marktplatz 12 der Stern vor dem Haus. Die Zoiglstube von Kommunbrauer Thomas Witt ist ein gelungener Spagat zwischen Tradition und Moderne.

1999 gaben die Witts die Viehhaltung auf. Damit war der Weg für eine neue Zoiglstube frei. Den früheren Kuhstall und einen Lagerraum baute die Familie zur Wirtschaft um. Hundertfünfzig Gäste haben nun auf dem

Zoiglhof Platz. Hinzu kommen an lauen Sommerabenden noch etliche Bänke im Hofraum. Die gemütliche neue Schankstube lebt von der Harmonie zwischen Alt und Neu. So gibt es dort zwar einen Kachelofen, die wohlige Wärme verbreitet aber über eine Fußbodenheizung eine moderne Hackschnitzelbefeuerung. Das Mischmauerwerk mit den einputzten Granitblöcken erinnert an die Vergangenheit der Räume als Rinderstall. Thomas Witt ist übrigens auch Vorsitzender der Neuhauser Kommunbrauer.

Beim „Schoilmichl" ist der Wirt der Star

Den **„Schoilmichl"** muss man einfach erlebt haben. In der Stube am Marktplatz 20 ist der Wirt der Star. Mit verschmitztem Grinsen und einem zugekniffenen Auge steht Manfred Punzmann unter dem Gewölbe seiner Zoiglstube am Zapfhahn und lässt das Kommunbier ins Glas schäumen. Egal, ob nur eine Handvoll Gäste unter den Hopfengirlanden im schummrigen Licht der Wagenradlampen sitzen oder ob es beim „Tag der Kommunbrauer" im Oktober drunter und drüber geht: Der „Schoilmichl" hat die Ruhe weg.

Der Neuhauser schenkt Zoigl nicht aus, er zelebriert ihn. „Und doch war früher alles noch viel schöner", findet er. „Wenn ausgeschenkt wurde, war dies ein halbes Volksfest." Da braute er für seine Gäste auch schon einmal einen Zoiglbock. Und das „Vetterl-Trio", ein Original aus Gleißenthal, das drei Instrumente gleichzeitig spielte, lief zu Höchstform auf. Der „Vetterl" ist mittlerweile gestorben, und den Zoigl gibt es jedes Wochenende in der Region. Da sei der Stern vor dem Haus eigentlich nichts Besonderes mehr, sinniert der frühere Landwirt Punzmann. Die Gäste teilen diese Ansicht ganz und gar nicht. Viele kommen extra nach Neuhaus, um den „Schoilmichl" zu erleben.

Den „Schoilmichl" Manfred Punzmann kann so schnell nichts aus der Ruhe bringen. Er erinnert sich gern an früher, als der Zoiglausschank fast ein Volksfest war.

Es muss nicht immer Manna sein. Der damalige Regensburger Diözesanbischof Manfred Müller stellte bei einem Aktionstag in Regensburg fest, dass die Nordoberpfälzer mit dem Zoigl ein ganz bemerkenswertes Bier brauen.

Das Anwesen ist seit 1666 nachweisbar in Familienbesitz. Es steht direkt neben dem Kommunbrauhaus. Die Familie hat nach dem Krieg in den 50er Jahren die Zoigltradition wieder mit belebt. Lange Zeit gab es in der Schankstube zu fast jedem Ausschank andere Bierfilze mit flotten Sprüchen wie „Hast du mal Sorgen, fehlt dir der Mut, trink ein Mass Zoigl und alles wird gut". Diese Unterleger sind mittlerweile begehrte Sammlerstücke. Anfangs floss das Bier in der guten Stube im Haus, später, nach der Aufgabe der Viehzucht, baute Manfred Punzmann den Kuhstall zur gemütlichen Schankstube mit rund achtzig Plätzen um. Der Gewölbekeller mit den Granitpfeilern hat seitdem schon manche Viecherei erlebt. Für einen Spaß ist der „Schoilmichl", der das Geselchte im Kamin des Hauses selbst räuchert, immer zu haben. Bei schönem Wetter ist auch im Freien Ausschank. Die Stube ist leicht zu finden, auch wenn kein Stern vor dem Haus hängt. Vor der Tür steht ein riesiges Holzfass, das fast schon Wahrzeichen von Neuhaus ist.

Seit Anfang des Jahres 2009 gibt es noch eine weitere Zoiglstube mit echtem Kommunbier im Ort. Klaus Bauer hat die frühere Gaststätte „Zum Heimgarten" in eine Zoiglwirtschaft verwandelt. Den großen Saal hat er durch Raumelemente unterteilt, um auch dort typische Zoiglatmosphäre zu schaffen. Zwischen rustikaler Eiche, zeitloser Buche und modernem Strukturputz gibt es alle paar Wochen beim **„Lingl"** zum Selbstgebrauten reichhaltige Brotzeiten nach Hausmacherart. Der Freitag ist meist „Überraschungstag". Dann werden zusätzlich zur normalen Brotzeitkarte Schaschliktopf, saure Lunge und andere Wechselgerichte angeboten.

Fischliebhaber sollten sich den Schanktermin im August rot anstreichen. Dann kommen (meist samstags) frisch geräucherte Oberpfälzer Forellen auf den Tisch.

Der „Tag der deutschen Einheit" ist auch der „Tag der Kommunbrauer" von Neuhaus. Am 3. Oktober haben alle Neuhauser Zoiglstuben gleichzeitig geöffnet.

Der Zoigl – ein wirklich königliches Bier

Wer glaubt, dass der Zoigl nur etwas für die ältere Generation ist, der irrt gewaltig. Auch die Jungen sind von der ungewöhnlichen Atmosphäre in den Stuben und auf den Höfen begeistert. Da kommt es schon mal vor, dass die Enkeltochter ganz zufällig beim Fortgehen dem Opa in die Hände läuft – oder natürlich umgekehrt. Generationenproblem – beim Zoigl ein absolutes Fremdwort. Bester Beweis dafür ist eine witzige Aktion, die sich die Pfadfinder Neuhaus ausgedacht haben. Seit 2009 lassen die Mitglieder des Stammes „Don Bosco" beim traditionellen Brunnenfest alle zwei Jahre eine Neuhauser Zoiglkönigin und -prinzessin wählen. Erste Regentin war 2009 die Neuhauser Lehrerin Birgit Kippes (unten links). Ihr zur Seite stand Evi Bergler (unten rechts). 2011 wurden sie von Königin Christina Braunschmid und Prinzessin Maria Sperber abgelöst.

Die Wahl ist immer eine rechte Gaudi für die Festgäste. Denn die Bewerberinnen müssen sich nicht nur gut mit dem Kommunbrauwesen sowie den Zutaten beim Würzekochen und der Hausgärung auskennen, sondern auch allerlei knifflige Aufgaben lösen. Zuletzt galt es zum Beispiel, mit Stöckelschuhen Zoigl zu servieren, ohne dass auch nur ein Tropfen verloren ging. Und da es in den Schankstuben meist recht eng zugeht, war der Weg mit allerlei Hindernissen gepflastert. Schnelligkeit war bei der Aufgabe Trumpf, aus Zutaten einen Brotzeitteller zu kreieren. Natürlich wurde peinlich genau darauf geachtet, dass nicht zu wenig auf dem Teller lag. Bewerben können sich alle jungen und junggebliebenen Frauen ab achtzehn Jahren aus Neuhaus und Umgebung, egal ob ledig, verheiratet, kinderlos oder mehrfache Mutter: Auch hier sind beim Zoigl alle gleich. Aufgabe der Regentinnen ist es, die Neuhauser Zoiglwirte bei festlichen Anlässen zu vertreten und kräftig die Werbetrommel für das Bier zu rühren, was es allerdings gar nicht bräuchte. Denn auch ohne die Königin waren die Stuben meist proppenvoll. Aber wie heißt es so schön bei den Königstreuen: „Wir brauchen net unbedingt an Kini, aber schöner war's scho ..."

Der letzte Sud

Eine tragische Geschichte hat sich in der Karwoche des Jahres 1941 im Neuhauser Kommunbrauhaus ereignet. Johann Hammer war an jenem schicksalsträchtigen Tag gekommen, um seinen letzten Sud zu kochen. Dem Brauer stand in den nächsten Tagen der 64. Geburtstag ins Haus. Es sei an der Zeit, einem Jüngeren Platz zu machen, fand er. Es wurde tatsächlich sein letzter Sud, aber ganz anders, als sich Hammer das vorgestellt hatte.

An jenem Tag zog ein Frühlingssturm mit heftigen Regenfällen über Neuhaus hinweg. Vermutlich um 4 Uhr morgens, so wie immer, stand Johann Hammer auf, um im Brauhaus anzuheizen. Die Würze war für das Anwesen Reber, den heutigen Zoiglwirt „Lingl", bestimmt. Ein Braugehilfe vom Bühl sollte ihm helfen. Doch der kam nicht. So musste Hammer alles selbst machen. Der heftige Sturm peitschte die letzten Blätter, die den Winter überdauert hatten, von den Bäumen. Durch das offene Fenster des Brauhauses, durch das der Dampf abziehen sollte, wirbelten die Böen auch im Gebäude einiges durcheinander. Damit sich die Würze nicht mit Regenwasser und altem Laub vermischen konnte, wollte der Braumeister die Fensterläden schließen. Zur damaligen Zeit war es üblich, dass die Männer zum Arbeiten eine blaue Schürze trugen. Auch Hammer trug so eine. Die wurde ihm zum Verhängnis. Als er sich zum Fenster über die Transmission beugte, flatterte seine Schürze im Wind und verfing sich im Riemenantrieb. Der Braumeister wurde mit hineingedreht und herumgeschleudert, bis er mit dem Oberkörper stecken blieb und die Sicherung flog. Als der Helfer verspätet doch noch kam, wunderte er sich, warum er nichts hörte und kein Licht im Brauhaus brenne. Er rief, aber niemand antwortete. Schließlich fand er gegen 7 Uhr Johann Hammer. Trotz seiner schweren Verletzungen war er bei Bewusstsein und ließ den Burschen einen „Braumeister" vom Barbarahof rufen, der die Würze für ihn fertig kochen solle. Er sagte ihm noch, was er schon getan habe und was noch zu tun sei, damit das Bier gelinge. Der Sud wurde fertig gebraut. Tags darauf, am 7. April 1941, erlag Johann Hammer in seinem Bett den schweren Verletzungen, wohl wissend, dass der letzte Sud gelungen war.

Das „Schlauch-Bier"

In früheren Jahrzehnten kamen die Kinder und Jugendlichen schon zwangsläufig früh mit dem Zoigl in Berührung. In den landwirtschaftlichen Betrieben war es durchaus üblich, dass der Nachwuchs die Arbeiter auf dem Feld mit frischem Bier versorgen musste. Wenn noch nicht angezapft war, wurde ein etwa ein Meter langer Schlauch oben in das Fass gesteckt und am anderen Ende mit dem Mund angesaugt. Sobald das Bier floss, hielten die Kinder die Kannen darunter und füllten sie. Da kam es schon einmal vor, dass der Zoigl schneller als erwartet anschoss und die Kinder ungewollt Bier verschluckten. Manch einer legte es auch darauf an und ließ reichlich Zoigl durch die eigene Kehle rinnen, bevor er zur Kanne griff. Denn das Ansaugen war eine der wenigen Möglichkeiten, bei denen die Kinder dem Vater das Bier wegtrinken konnten, ohne dass es gleich die obligatorische saftige Watschen setzte.

Der Lausbuben-Zoigl

Manches Mal wurde auch zu Unrecht über den schlechten Zoigl geschimpft. So erinnert sich der Windischeschenbacher Emmeram Merther noch gut daran, wie er als Achtjähriger mit seinem Bruder Sepp für den Vater Zoigl holen musste. Mit dem rot emaillierten Henkelkrug schickte der Vater die beiden Söhne zum „Runden Eck". Dort schenkte der Noske sein Bier aus. Die Jungen taten, wie ihnen der Vater befohlen hatte. Unterwegs aber überkamen sie der Durst und die Neugierde, wie der Zoigl schmecke. Die beiden Buben tranken einen kräftigen Schluck. Damit der Vater den „Mundraub" nicht bemerkte, füllten sie den Krug am früheren Brunnen am Röhrenkasten wieder bis zum Rand auf. „Zu Hause hat unser Vater beim Probieren geschimpft, was das heute wieder für ein schlechter Zoigl sei", schmunzelt Emmeram Merther über den Lausbubenstreich, der sich von da an öfter wiederholt hat.

Falkenberger Zoigl im Zeichen der Burg

Bier aus einem Museums-Brauhaus

Wer das erste Mal nach Falkenberg kommt, blickt unweigerlich nach oben. Auf mächtigen, zerklüfteten Granitfelsen thront eine stolze Burg. 2009 hat die Kommune das Wahrzeichen des Ortes erworben, damit auch noch die Enkel und Urenkel die alten Ritterzimmer betreten können.

Wenn der „Kramer" Zoigl ausschenkt, dann hängt ein hölzerner Bierstern mit einem Bierkrug in der Mitte über der Tür.

Direkt am Fuße der Burg steht ein anderes Denkmal, viel kleiner und viel unscheinbarer: das alte Sudhaus. Kein anderes Kommunbrauhaus liegt so idyllisch, und kaum ein anderes ist älter als das der Falkenberger. Wann es erbaut worden ist, weiß keiner so genau. Die Braustätte, die ebenso wie nun die Burg von der Marktgemeinde verwaltet wird, steht auf jeden Fall schon länger als viele Teile der trutzigen Festung. Die um 897 erbaute und einst nur über eine Zugbrücke erreichbare Felsturmburg war im Dreißigjährigen Krieg von den Schweden eingenommen und stark beschädigt worden. Dann verfiel sie zur Ruine. Bis Graf von der Schulenburg sie erwarb und ab 1937 wieder aufbauen ließ. Er konnte sich allerdings nicht lange an seiner Immobilie erfreuen. 1944 wurde der Graf hingerichtet, weil er der Widerstandsbewegung gegen Nazi-Diktator Adolf Hitler angehört hatte.

Schon zu Zeiten von Braumeister Eduard Zrenner gab es für die alte Zahnradtechnik im Falkenberger Brauhaus keine Ersatzteile mehr.

Ebenso wie in der Burg stecken auch in den Mauern des Brauhauses Granitsteine, die auf das Mittelalter zurückgehen. „Wir haben eines der ältesten funktionierenden Brauhäuser in ganz Deutschland", strahlt Zoiglwirt Wolfgang Fischer, den die meisten nach seinem Hausnamen nur den „Kramer-Wolf" nennen.

Die alten Holzfässer mussten immer wieder neu ausgepicht werden. Oft durften Kinder danach die Behälter durch die Straßen rollen, damit sich das Pech gleichmäßig verteilte.

Im Inneren ähnelt das Falkenberger Brauhaus einem kleinen Museum. Obwohl das Gebäude Ende der 90er Jahre saniert worden ist, sind die Arbeitsabläufe noch so wie vor über hundert Jahren. Seit 1998 steht das Haus unter Denkmalschutz. Kenner bekommen leuchtende Augen, wenn sie durch das Holztor treten und die Einrichtung sehen. Hier scheint die Zeit stehen geblieben zu sein. Die alte Flaschenwaschmaschine direkt beim Eingang stammt aus einer früheren Schönfichter Brauerei. Die Hausbrauer spülen damit ihre Zoiglgefäße. Dahinter sind auf engstem Raum Kühlschiff, Maischebottich und die in den 90er Jahren bei der Renovierung neu eingebaute Sudpfanne aus Kesselstahl angebracht. Wenn gebraut wird, werden die Holzbohlen auf den schmalen Plattformen und Treppen von Dampf und Wasser schnell feucht und rutschig. Über den Kesseln drehen sich große und kleine Metallzahnräder, die Rührwerk und Pumpe in Schwung halten. Unermüdlich rattert der ausgefranste Riemenantrieb. Das Eisenrührwerk pflügt sich durch die schäumende Maische.

Mittlerweile wird die Transmission mit Strom betrieben. „Die Alten erzählen, dass bis 1930 die Technik mit Muskelkraft in Schwung gehalten wurde", weiß Josef Neuber. Er hat vor einiger Zeit als Brauer die Nachfolge des früheren Bürgermeisters Eduard Zrenner angetreten, der Jahrzehnte das Bier für die Falkenberger gemacht hat. Ein Riesenproblem haben die brauenden Bürger, wenn ein Riemen reißt oder ein Zahnrad bricht. Ersatzteile gibt es für die alten Geräte in der Falkenberger „Museumsbrauerei" schon lange nicht mehr.

„Ein zahlungskräftiger Gast aus Amerika wollte schon einmal die gesamte Anlage kaufen, abmontieren und jenseits des Großen Teichs wieder aufbauen", erzählt der „Kramer-Wolf". Doch der Spruch „Yes, we can" gilt in der Oberpfalz nichts. Der Deal „Zoigl goes to America" platzte, da der Gast aus den Staaten bei den Oberpfälzer Hausbrauern auf Falkenberger Granit biss.

Wenn die Bürger Würze kochen, erinnert der Innenraum des Denkmals eher an eine alte Waschküche denn an eine Brauerei. Aus der offenen Sudpfanne und dem Maischebottich dampft es gewaltig. Der weiße Dunst dringt durch jede Ritze des Hauses nach außen. Das hat manch einen Urlaubsgast schon aufgeschreckt, der meinte, Feuer sei ausgebrochen. „Na, na, es wird bloß Zoigl braut", müssen die Falkenberger ihre Gäste immer wieder beruhigen.

Der Brauer drinnen sieht oft kaum die Hand vor Augen, muss er aber auch nicht. Jeder Handgriff sitzt, und die Wege sind kurz. Das abgenutzte Eisentürchen zum Holzofen, der Wasser, Malz und Hopfen zu Bier verkocht, ist auf Kopfhöhe angebracht. Wenn die durchtrockneten Meterknittel, die der Zoiglwirt am Vorabend neben der Tür zum Bierbrauen stapelt, recht groß sind, kommt der Brauer ganz schön ins Schwitzen. Stück für Stück muss er nach oben wuchten und durch die aus Backsteinen ausgemauerte Öffnung in die Glut schieben. Das geht mit der Zeit richtig in die Arme. Schließlich werden an einem einzigen Tag ein paar Ster verfeuert.

Trotzdem will auch Andrea Fischer, die Ehefrau des „Kramer-Wolf", das Biermachen lernen. Sie ist fest entschlossen, die erste Zoigl-Kommunbrauerin zu werden. So oft wie möglich sieht sie derzeit den Profis über die Schulter, um irgendwann alleine Wasser, Malz und Hopfen zu Würze verkochen zu können. „Das Schüren des Ofens macht mir noch die meisten Schwierigkeiten, aber das werden wir auch noch hinkriegen", lacht die ehrgeizige Blondine.

1467 bekamen die Bürger des Ortes von Abt Nikolaus IV. vom Kloster Waldsassen das Recht, das Wasser der Waldnaab zu Bier veredeln zu dürfen. Falkenberg besaß damals noch nicht einmal die förmlichen Marktrechte. Das Braurecht war deshalb eine äußerst ungewöhnliche Sondervergünstigung. Für viele Falkenberger steht außer Zweifel, dass an der Stelle, an der das Brauhaus steht, bereits vorher für die Herren der Burg Bier gesiedet worden

Erwin Kraus ist mächtig stolz auf sein Braurecht. Er macht nicht nur sein eigenes Bier, sondern hat nach einem alten Maß auch einen Drei-Quartel-Zoiglkrug kreiert.

ist. Mit einfachen Werkzeugen haben die Ahnen gegenüber tiefe Keller für die Lagerung des Biers in den Granit gehauen. Wer die Härte des Millionen Jahre alten Urgesteins kennt, kann nachvollziehen, welch ein Kraftakt dies war. Nach der Auflösung des Klosters Waldsassen verkaufte 1582 die kurfürstliche Regierung das Brauhaus für fünfzig böhmische Gulden an den Markt.

Hundertsechzehn Anwesen haben das verbriefte Recht, das Brauhaus zu nutzen. Etwa vierzig machen davon Gebrauch, darunter die Wirtsleute des uralten Gasthofs „Zum Roten Ochsen". Auch wenn der Zoigl nicht auf der Getränkekarte auftaucht, lohnt es sich, in der dunkel getäfelten Gaststube der Familie Prockl an der Schönfichter Straße danach zu fragen. Das Wirtshaus, in dem die Chefin Irene Prockl selbst am Herd steht, ist eine weitere Sehenswürdigkeit des Marktfleckens. „Anno domini 1492" ist der „Rote Ochse" schon nachgewiesen. Damit ist er eines der ältesten Gasthäuser der Oberpfalz und fast genauso alt wie das Braurecht der Falkenberger.

Ein Bierjournalist geriet beim Kosten des Falkenberger Zoigls derart ins Schwärmen, dass er ihn in den „Olymp" der „100 besten Biere der Welt" erhob, was die Falkenberger einerseits natürlich ungemein freut, Kenner andererseits schon verwundert. Schließlich gibt es „den Falkenberger Zoigl" als einheitliche Geschmacksrichtung gar nicht, da durch die Hausgärungen selbst bei absolut gleicher Würze in jedem Haus ein etwas anderes Bier auf den Tisch kommt. Aber genau dieser kleine Unterschied macht den großen Reiz aus.

In den alten Falkenberger Felsenkellern konnten die Männer manchmal nicht einmal aufrecht stehen. Das Füllen der Holzbottiche mit Bierwürze wurde dadurch zur Knochenarbeit.

Für den gelernten Brauer Josef Neuber ist die Arbeit in der mit Holz befeuerten Falkenberger „Museumsbrauerei“ eine willkommene Abwechslung zum Alltag in der Privatbrauerei.

Auch prominente Gäste kommen immer wieder extra wegen des Zoigls nach Falkenberg. Die Biathlon-Nationalmannschaft ist ebenso schon eingekehrt wie in den 80er Jahren der damalige Bundesforschungsminister Volker Hauff. Er machte bei einer Wanderung auf dem Burgenweg inkognito beim „Kramer“ Halt. Der Minister, in dem die Gäste einen der vielen „Preißn“ sahen, hatte anfangs nur einen Stehplatz. Der „Kopp-Michl“ aus Hohenwald räumte damals für eine Mass Zoigl seinen Sitzplatz für den hohen Herrn. Der Politiker war darüber so froh, dass er nicht nur die vereinbarten zwei Seidel Zoigl, sondern gleich einen ganzen Fünfer springen ließ.

Bis zum Ersten Weltkrieg nutzten fast alle Berechtigten das Braurecht. Um 1930 wurde im Markt noch in über einem Dutzend Häuser Bier ausgeschenkt. Mit dem „Kleber“, dem „Balasen“, dem „Wogner“ und dem „Flaschner“ gab es nach dem Zweiten Weltkrieg noch vier Bürger, die den Stern vor das Haus hängten. 1960 stellte mit dem „Flaschner“ der letzter Brauer den öffentlichen Ausschank ein. „Braumoister“ Eduard Zrenner hatte bald nicht mehr viel zu tun. 1970 gab es gar überhaupt nur noch zwei Sude. Dann erlebte der Zoigl eine Renaissance. Mittlerweile brauen wieder rund drei Dutzend Anwesen Bier. Die Marktgemeinde verlangt für einen Sud knapp sechzig Euro Kesselgeld und rund fünfzig Euro Rücklage für den Erhalt des Hauses. Etwa dreißig Mal pro Jahr wummert der Ofen.

Der Kraus-Erwin ist einer der „Bier-Bürger". Er hat das Braurecht sogar auf einen Neubau im Birkenweg umschreiben lassen, was einem bürokratischen Hindernislauf glich. Doch Kraus kann starrköpfig sein. Er gab nicht nach und erreichte, was er wollte. „Ich bin der Einzige, der es geschafft hat, das Zoiglrecht in ein neues Haus an den Ortsrand mitzunehmen", behauptet der gelernte Küchenmeister und passionierte Jäger. Wenn er so auf seinem Hochsitz auf das Wild wartet und sinniert, kommen ihm allerlei Ideen. Eine davon war, nach alten Maßen für Falkenberg einen „Drei-Quartel-Krug" zu kreieren. Obwohl darin mehr Zoigl als in einem normalen Bierglas Platz hat, nimmt ihn kaum einer zum Trinken. Die Auflage des edlen Steinzeuggefäßes hat Kraus limitiert. Der in alter Technik gefertigte Krug zeigt die Burg mit Brauhaus und Kirche, den Zoiglstern sowie Auszüge aus den Bierfreibriefen von Abt Nikolaus und Herzog Richard. „Wir wollen ihn auch vergunen, und vergunen ihn, das sie alda zu Falkenberg selbst Bier prayen mögen", so hat der Abt einst geschrieben. Auf dem Zinndeckel ist das Wappen von der Rathausfassade zu sehen.

Beim Teilen der gekochten Würze schlägt heute wie damals das Herz eines jeden Bierrechtlers höher.

„Kramer-Gust" hat Tradition neu belebt

Mit schlaflosen Nächten ist das so eine Sache. Manchmal führen sie nur dazu, dass man einen Tag lang, vielleicht auch zwei übermüdet ist. Bisweilen verändern sie aber auch das ganze Leben.

August Fischer hatte Mitte der 70er Jahre so eine schlaflose Nacht, nach der nichts mehr war wie vorher. Er beschloss in jener Nacht, den Stadel abzureißen und eine Zoiglstube zu errichten. Jahrzehnte später kam Sohn Wolfgang ebenfalls nicht zur Ruhe und überlegte sich, dass es gut wäre, auch noch den Heuboden zu nutzen und ihn zum Zoiglsaal auszubauen. Gedacht, getan.

Zum Pfingstfest 1978 eröffnete die Zoiglstube. Welche Bedeutung dies hatte, zeigt, dass sogar der damalige Landrat Franz Weigl kam, um den weißblauen Zoiglstern an die kunstvoll geschmiedete Halterung zu hängen. Der Kommunalpolitiker zapfte auch das erste Fass an. Wie viele Schläge er dafür brauchte, ist nicht überliefert, dafür soll der Landrat von der Stimmung so begeistert gewesen sein, dass er prompt einen anderen Termin verschwitzte. So stand es auf jeden Fall am Tag danach in der lokalen Presse zu lesen.

August Fischer hat die Zoigltradition in Falkenberg mit dem Bau der Stube „Kramer" 1978 neu belebt.

Die rund siebzig Gäste fassende, rustikale Zoiglstube an der Tirschenreuther Straße 4 heißt **„Kramer"**. Seit rund vierhundert Jahren handelt die Familie bereits mit Waren. Los ging die Tradition mit einem Bauchladen, irgendwann wurde daraus ein Tante-Emma-Laden. Mittlerweile ist daraus ein schmuckes Lebensmittelgeschäft entstanden, in dem es ebenso wie in der Zoiglstube schmackhafte Hausmacherwurst aus eigener Schlachtung von Metzger Wolfgang Kramer gibt. Auch in der Zoiglstube lebt die bäuerliche Tradition des Anwesens weiter. Viele alte Werkzeuge des Hofes haben an den Wänden ein passendes Platzerl gefunden. Dazwischen hängt ein Ölporträt vom Gründer Kramer-Gust, gemalt von Künstler Erwin Otte, einem Freund des Hauses. Auch die vielen alten Instrumente auf den Balken erinnern an den mittlerweile verstorbenen Seniorchef, der ein begeisterter Musiker und der Vorsitzende der Falkenberger Blaskapelle war. Er hat oft mit Teufelsgeige und anderen Instrumenten den Ton in der guten Stube angegeben.

Ein Gast ließ sich vom Falkenberger Zoigl zu diesem Bild vom Kramer-Gustl inspirieren.

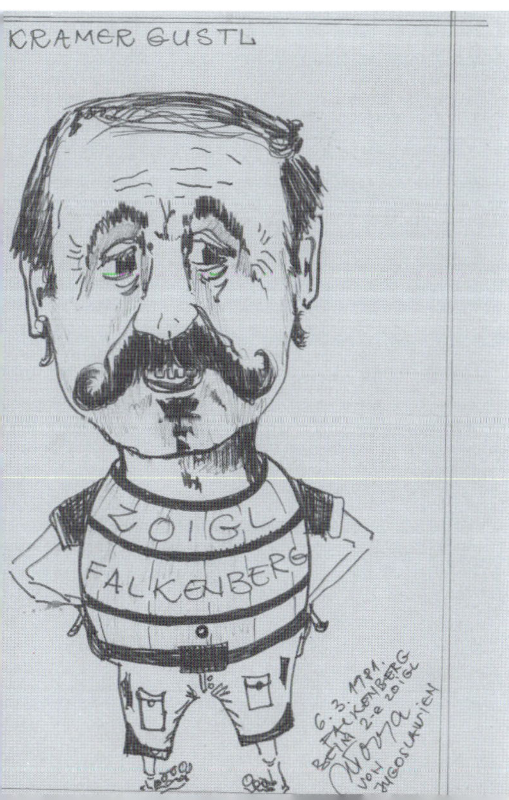

Über einen schmalen Gang und eine Treppe erreicht der Gast von der Stube aus den früheren Heustodl, der immer mehr zum kleinen Falkenberger Bauernmuseum mit alten bemalten Schränken, Hausrat aus Großmutters Zeiten, Holzskiern und -schlitten sowie vielen anderen Gegenständen wird. Sogar ein altes Bauernbett hat Wolfgang Fischer auf ein Dacherl gehievt und ein Strohhaserl hineingesetzt. Der alte grüne Zoiglstern an der Schenke hing früher vor dem Anwesen, und die alten Bierfässer darunter stammen vom 1982 verstorbenen Franz Mickisch aus Tirschenreuth, dem letzten Fassbindermeister der Region.

Höhepunkt im Zoiglkalender ist alljährlich im August ein Straßenfest. Dann lassen sich die Fischers immer ein besonderes Schmankerl einfallen, so einen Zoigl-Ziegenkäse, der keinen Anlass zum Meckern bot.

Die Zahl der Hausbrauer ist in Falkenberg noch sehr groß. Auch Dieter Luksch macht sein Bier selbst. Er hat seinen Gerstensaft in Fässern und Flaschen in einem alten Felsenkeller unter der Burg eingelagert.

Mit „Wolfadl" weitere Stube

Alteingesessene Falkenberger, die das Anwesen am Gumpener Weg 1 von früher kannten, staunten bei der Eröffnung im Sommer 2008 Bauklötze. In sechs Jahren hat Manfred Betz aus dem leer stehenden, kleinen Bauernhäuschen eine urgemütliche Zoiglstube gemacht, in der sich nicht nur Bierliebhaber gerne aufhalten. Stube ist eigentlich der falsche Ausdruck, Zoiglhaus müsste es heißen. Der in Windischeschenbach aufgewachsene Kommunbrauer schenkt nicht nur in der alten Kuchl sowie den früheren Wohn- und Schlafräumen, sondern auch im einstigen Stall aus, den er beim Entkernen des Hauses in das Wohngebäude integriert hat. Ja sogar den Getreideboden hat er geöffnet, so dass auf zwei Ebenen zwischen viel Holz rund hundert Gäste Platz haben.

Mit seiner wuscheligen Haarpracht ähnelt Betz eher einem vogelwilden Aussteiger denn einem Zoiglwirt. Die Idee, selbst Bier zu brauen und auszuschenken, ist ihm während des Umbaus des Bauernhauses gekommen. Als der „Gloserer" erfuhr, dass auf dem Anwesen das Braurecht ruht, und erste Bierversuche recht erfolgreich verliefen, entschloss er sich, die alte Tradition beim **„Wolfadl"** wieder aufleben zu lassen. Im Bier steckt echter Aromahopfen, was ungewöhnlich ist. Ebenso ungewöhnlich wie die Tatsache, dass es beim „Wolfadl" mit Blick auf die vielen jungen Gäste keine Schnäpse gibt. Dafür steht eine Bonbondose neben dem Zapfhahn. Tja, Kommerz steht beim Zoigl halt nicht an erster Stelle.

Im Sommer wird der Zoigl auch vor dem Haus ausgeschenkt. An den Tischen und Bänken im Vorgarten haben weitere fünfzig Gäste Platz. Von einigen Stühlen im Obergeschoss hat man übrigens einen traumhaften

Die Zoiglstube „Wolfadl" gibt es seit 2008 in Falkenberg. Die Wirtschaft kommt bei Jung und Alt gleichermaßen gut an.

Blick auf die Burg. Und besonders zünftig wird es, wenn die „Karpfenmusik" aufspielt, eine Untergruppe der Falkenberger Blaskapelle.

Die Eröffnung der Zoiglstube war nur der erste Streich, der zweite soll die Restaurierung des alten Backofens sein, der sich mitten im Hause befindet. Wenn sich dieser Ofen wieder in Betrieb nehmen ließe, wäre dies für den Zoiglbrauer „Mane" das Tüpfelchen auf dem i. „Weil dann würde ich auch noch das Backen lernen", erzählt der Lebenskünstler mit leuchtenden Augen. Keine schlechte Idee: Schließlich waren die Bäcker im Mittelalter auch die besten Brauer.

Die Zoiglstube „Schwoazhansl" verfügt über eine Kleinkunstbühne. Auch die boarische Wirtshausmuse „Sauglocknläutn" war dort schon zu Gast.

„Schwoazhansl" zum Leben erweckt

Seit dem 1. Januar 2011 gibt es in Falkenberg eine dritte Zoiglstube. Die Wurzer Wolfgang und Sabine Flieger haben sich mit der Eröffnung der Brauwirtschaft „Schwoazhansl" einen Traum erfüllt. Vom Virus infiziert wurde der Besitzer, der eigentlich Serviceunternehmer für Schwertransporte ist, in Windischeschenbach, als er einem Freund beim Brauen über die Schulter schaute. „Mit einem Dreißig-Liter-Glühweinkocher habe ich bald danach meine ersten Bierversuche gestartet", erinnert sich Wolfgang Flieger. Als er bei einem eineinhalb Hektoliter fassenden Kleinsudwerk angelangt war, schaute sich das Paar nach einem Haus mit Kommunbraurecht um und wurde schließlich in Falkenberg fündig. Das nach dem Tod des Vorbesitzers seit einigen Jahren leer stehende Anwesen „Schoazhansl" war genau das, was die Fliegers suchten: eine ehemalige Gastwirtschaft mit verbrieftem Kommunbraurecht. Ein Jahr lang dauerten die Entkernung und der Umbau des Hauses. An die Stelle der alten Tenne trat ein neu gebauter Saal, in dem regelmäßig auch Kleinkunstveranstaltungen mit Kabarettisten, Musikern und anderen Künstlern stattfinden. „Wir hätten die alte Tenne gerne als Kulturscheune erhalten, aber die Balken waren einfach zu marode", bedauert der Wirt, der nach altem Brauch jedem Musikanten, der bei ihm im Saal oder in den zwei Zoiglstuben oder im hübschen Biergarten aufspielt, Bier und Brotzeit spendiert. Ab und zu – wenn es die Zeit zulässt" – greift er auch selbst in die Knöpfe seiner Diatonischen. Übrigens, wenn Sie sich beim „Schwoazhansl" selbst als Einheimischer wie im Urlaub fühlen, dann liegt das nicht nur am guten Zoigl. Die dunkle Wirtshaus-Wandverkleidung hat der Wirt in St. Pölten in Österreich erstanden. Irgendwann, wenn sie auch für die alte Kleinbrauerei noch ein passendes Platzerl im Haus gefunden haben, wollen die Fliegers auch Bierseminare anbieten.

„Falkenberger Zoiglmusik" erleben

Das Taferl „Musikantenfreundliches Wirtshaus" könnte man an jeder Zoiglstube anschrauben. Viele Sänger und Instrumentalisten haben beim Bier schon zueinander gefunden. Die bekannteste Gruppe ist wohl die „Falkenberger Zoiglmusik", die seit Jahrzehnten in Schankstuben aufspielt.

Heute ist es meist üblich, dass sich eine Gruppe zuerst einen Namen gibt und dann zu spielen beginnt, bei der „Falkenberger Zoiglmusik" war das genau umgekehrt. Die sieben Mannsbilder spielten schon einige Zeit in geselliger Runde auf, ehe die Taufe erfolgte. „Anlass war ein Auftritt bei einem Volksmusikabend in Pechtnersreuth bei Waldsassen, zu dem uns der damalige Bezirksheimatpfleger Dr. Adolf Eichenseer einlud", erinnert sich Wolfgang Üblacker, eines der zwei Gründungsmitglieder. Für diesen Auftritt brauchte die urige Wirtshausmusik einen Namen. Da drei Mitglieder aus Falkenberg kamen und sich die Gruppe zudem an einem Zoiglabend beim „Kramer-Gust" gefunden hatte, war der Begriff „Falkenberger Zoiglmusik" schnell beschlossene Sache.

Nach einigen Umbesetzungen ist die Gruppe mittlerweile zum Quintett geschrumpft. Hans König (Kontrabass und Akkordeon), Uli Ertl (Klarinette und Saxofon), Wolfgang Üblacker (Trompete), Sigi Kumeth (Akkordeon und Horn) sowie Willi Zeitler (Gitarre) spielen längst nicht mehr nur beim Zoigl auf. Auch Swing-Nummern gehören zum Repertoire. Sogar viele Eidgenossen wissen dank der Gruppe, was Zoigl ist. Die „Muse" ist Stammgast in Davos in der Schweiz. Von Gründungsmitglied Rudi Meindl stammt zudem das Lied „Der Zoigl, ein besondres Bier", das er im März 2001 nach einer Vorlage von Erwin Kraus zur Vorstellung des limitierten „Drei-Quartel-Krugs" uraufgeführt hat. Darin heißt es unter anderem:

> *„Probiert's, sonst habt ihr was versäumt,*
> *denn wenn es durch die Kehle schäumt,*
> *erkennt ein jeder so wie wir, der Zoigl ist*
> *ein bsondres Bier ..."*

Dieser fünften und letzten Strophe des Komponisten und Autors wäre nichts hinzuzufügen.

Ltr. Bier kostet 20

Mitterteicher Recht so alt wie Reinheitsgebot

Privileg geht auf das Jahr 1516 zurück

Wenn in Mitterteich vom Oppl die Rede ist, dann denken die meisten Leute zuerst an Bier und dann erst an eine Automarke. Der Oppl-Willi ist nämlich „Braumeister" der Mitterteicher Bierrechtler. Einst gab es siebzig Zoiglwirtschaften im Ort. So viele sind es nicht mehr. Aber trotzdem hat der Landwirt und Bauhofarbeiter in seiner Nebentätigkeit ganz schön zu tun. Die Zahl der Zoiglstuben ist in den vergangenen Jahren wieder von zwei auf vier angestiegen. Insgesamt nutzen etwa ein Dutzend Einwohner ihr Braurecht. Mitterteicher Zoigl ist „in". So stammen zum Beispiel auch die Würze vom „Dameradl" in Waldershof sowie das Bier vom „Stromhias" in Flossenbürg aus dem Städtchen, in dem der bekannte Radierer Herbert Molwitz gelebt hat und im Familiengrab beigesetzt ist.

Einrichtungsgegenstände und der Stern der alten Mitterteicher Zoiglstube „Tretter" haben im neuen Museum einen Ehrenplatz bekommen (links). Im Stiftland ist es dabei auch üblich, statt eines Zoiglsterns einen Buschn vor das Haus zu hängen. (rechts)

Zum Bayerischen Reinheitsgebot haben die rund siebentausend Einwohner einen ganz besonderen Bezug. 1516, im gleichen Jahr, in dem Herzog Wilhelm IV. von Bayern dieses Lebensmittelgesetz erlassen hat, fing alles mit dem Zoigl an. Damals erhielten die Mitterteicher von Zisterzienserabt Andreas von Waldsassen das Markt- und damit das Braurecht. Eine Besonderheit war es, dass die Bürger brauen und schenken durften, ohne Abgaben an das Kloster entrichten zu müssen. Dieses Privileg war mit der Bitte verbunden, ein solch gutes Getränk zu brauen, dass es keine Beschwerden gebe. Diesem Auftrag fühlen sich die Mitterteicher auch heute noch verbunden.

Trotz dieser Vergünstigung kam es immer wieder zu heftigen Auseinandersetzungen wegen des lieben Geldes. Am bekanntesten ist der Kesselstreit. Der Bürgermeister suchte im Oktober 1782 deswegen sogar in Amberg um Militär nach. Mehrere Mitterteicher wurden in Arrest genommen, um eine Eskalation der Gewalt zu verhindern. Anlass des Disputs war ein kaputter Braukessel, der ersetzt werden musste. Am Material des Bottichs schieden sich die Geister. Es bestanden die Möglichkeiten, einen etwa achthundert Gulden teuren neuen Eisenkessel oder einen bis zu tausendzweihundert Gulden teuren moderneren Kupferkessel ins Kommunbrauhaus einzubauen. Da es um eine Menge Geld ging, wollten der Bürgermeister und die Ratsherren die Entscheidung nicht alleine tragen und fragten in einer Versammlung alle Bürger um Rat. Doch es waren nur wenige Brauberechtigte anwesend. Und die sprachen sich für die bessere Kupferlösung aus. Das Kesselgeld sollte zur Finanzierung von bislang fünfundvierzig Kreuzern auf zwei Gulden angehoben werden. Der Magistrat gab daraufhin bei einem Amberger Kesselschmied die Kupferpfanne in Auftrag.

Doch die Ratsherren hatten die Rechnung ohne die nicht am Entscheidungsprozess beteiligten Hausbrauer gemacht. Sie kritisierten beim Zoigl diesen Beschluss heftig, weil sie das höhere Kesselgeld nicht mittragen wollten.

Wilhelm Oppl ist der Braumeister der Mitterteicher Zoiglwirte. Seine Stube am Oberen Markt ist eine der traditionsreichsten der Oberpfalz.

Die Einwohner beschwerten sich schließlich bei der Obrigkeit im Kloster Waldsassen, die sich prompt ebenfalls für die Billiglösung aussprach. Durch diese Aussage bestärkt, bestellten nun die Bürger ihrerseits einen Eisenkessel bei einem Schmied in Kaltenbrunn. Damit gab es zwei gültige Verträge. Das Verhängnis nahm seinen Lauf. Die Streitigkeiten gipfelten darin, dass die Brauberechtigten den Bürgermeister überfielen und zur Herausgabe des Brauhausschlüssels zwangen. Sie wollten notfalls mit Gewalt den Einbau des Kupferkessels verhindern. Sogar Verhaftungen gab es. Am 27. März 1783 kehrte beim Zoigl wieder Gemütlichkeit ein. Die brauenden Bürger erklärten, dass die Differenzen beigelegt seien.

Nach den alten Rechnungsbüchern war der neue Kupferkessel fortan im Durchschnitt etwa hundert Mal pro Jahr im Einsatz. Heute kocht der „Braumeister" rund fünfzig Sud pro Jahr. Für jeden Sud müssen die Bürger siebenhundertfünfzig Euro Kesselgeld an die Stadt bezahlen.

Das Kommunbrauhaus in der Vorstadt 13 stammt aus dem Jahre 1864. Grund für den Neubau an dieser Stelle war die Eisenbahn. Als Mitterteich an das Schienennetz angebunden wurde, wollte der Stadtmagistrat eine gut ausgebaute Straße zum Bahnhof. Das gemeinschaftlich genutzte Gebäude stand im Weg. Da es sich zudem in einem schlechten Zustand befand, ließ man es abreißen. An gleicher Stelle wurde, etwas zurückgesetzt, später die Brauerei Hösl errichtet.

Die Einrichtung des Kommunbrauhauses ist seit dem Neubau mehrmals modernisiert worden. Die letzte große Investition war 2004 ein neues Kühlschiff aus Edelstahl. Bei einer der jüngsten Renovierungen haben die Brauer auch den schwungvollen Spruch „Es spricht sich rum, das glaube mir, am besten ist das Zoigl-Bier" mit rotbrauner Farbe zwischen zwei der lang gezogenen Fenster pinseln lassen.

Bis zu fünfundvierzig Hektoliter Würze kann der „Braumeister" im Sudhaus in einem Arbeitsgang kochen. Das ist viel mehr als in den Kommunbrauhäusern in Falkenberg, Neuhaus und Windischeschenbach. Der Ofen wird auch mit Kohle beheizt. „Allein mit Holz wäre die große Hitze, die für diese Menge Würze nötig ist, nicht zu halten", erklärt der Oppl-Willi, während er ein paar Briketts nachlegt. Das Brauhaus ist so groß, dass die Bürger Berge von Kohle einlagern und damit in großen Mengen günstig kaufen können. Trotz der Briketts haben locker auch noch mehrere Tankanhänger für den Abtransport der Würze in der gefliesten Halle Platz.

Das Sudhaus der Mitterteicher ist relativ modern eingerichtet. Am Kessel liest der „Braumeister" die Temperaturen an den roten Displayzahlen eines Digitalthermometers ab. Selbst den Treber müssen die Nutzungsberechtigten nicht von Hand umschaufeln. Die Braurückstände gleiten am Schluss auf einer Metallrutsche direkt vom Maischebottich auf den Hänger eines Landwirts, der sie zur Fütterung abholt. Einen krassen Gegensatz dazu bilden die alte Schrotwaage und -mühle im Obergeschoss. Seit 1910 wird damit Malz gewogen und gebrochen. Ein Museumsstück ist auch ein kleiner Lastenaufzug, der die gedarrte Braugerste nach oben zum Brechen schaufelt.

Zoigl beim Oppl eine uralte Tradition

Die Zoiglstube von **Wilhelm Oppl** am Oberen Markt 11 ist eine der traditionsreichsten der Oberpfalz. „Und sie ist die nördlichste echte Kommunbraustube", weiß der Chef des Hauses. Der Ausschank im „Zeisnlearnerhaus" reicht mit Unterbrechungen bis ins 16. Jahrhundert zurück, also bis in jene Zeit, in der die Mitterteicher ihr Bierrecht erhalten haben. Den Zoigl gibt es im Erdgeschoss des Wohnhauses, das den Stadtplatz nach oben hin begrenzt. Wenn der Stern an einer Stange aus dem Dachfenster baumelt, ist immer etwas los. Schon am Vormittag passieren viele Gäste den Torbogen und nehmen in der gemütlich eingerichteten Zoiglstube auf dem Bauernhof Platz.

Rund sechzig Personen passen rein. Viele kommen nicht nur wegen des Biers, sondern auch wegen der sauren Bratwürste und all den anderen deftigen Hausmacherbrotzeiten. Bei passender Witterung öffnet der Oppl-Willi auch seinen Stodl, in dem weitere hundert Gäste untergebracht werden können.

Beim Oppl gibt es übrigens – wie mittlerweile in vielen anderen Zoiglstuben auch – Zoiglfässer zum Mitnehmen. Von fünf bis dreißig Liter passen rein. „Unser Zoigl ist auch ein begehrtes Mitbringsel aus der Oberpfalz", weiß Wilhelm Oppl.

Thomas Seitz-Hartwich (rechts) schenkt in Mitterteich den Zoigl noch wie früher direkt aus dem Fass in der Zoiglstube aus.

Beim Hartwich noch Fass in der Stube

„Wir machen ein Fass auf" ist bei Thomas Seitz-**Hartwich** mehr als nur so eine Redensart. Beim Zoiglausschank in der Angergasse 1 wird das Bier wie anno dazumal direkt in der Gaststube aus dem Fass gezapft. Seit 1967 gibt es im früheren „Schusterbartlhaus" wieder Zoigl. Der alte, hölzerne Stern bleibt meist an einem Haken im Hof hängen. Beim Hartwich schaukelt stattdessen zum Ausschank nach alter Mitterteicher Tradition ein kleines Nadelbäumchen lustig an einer Stange im Wind. „Das sieht einfach schöner aus als ein Stern", findet der Wirt. Der Gastraum befindet sich gleich hinter dem Hoftor im Erdgeschoss der begrünten Fassade des landwirtschaftlichen Anwesens. Die Stube ist klein, aber fein. Vor allem im Winter, wenn der Innenhof nicht bewirtschaftet werden kann, heißt es eng zusammenrücken, da gerade einmal gut fünfzig Leute Platz haben. „Irgendwann werde ich wohl erweitern müssen, aber das hat noch Zeit", freut sich Thomas Seitz-Hartwich über die vielen Gäste.

Mindestens genauso wichtig wie das Bier ist beim Hartwich die Brotzeitkarte, auf der deftige Kost aus der eigenen Wurstkuchl steht. Der Wirt hat nach dem Handwerk des Zimmermanns auch das des Metzgers gelernt. Wer von den Brotzeiten gar nicht genug bekommen kann, dem wird an Ort und Stelle geholfen. Zur Zoiglstube gehört eine Wursttheke, an der sich Gäste die Spezialitäten des Hauses zum Mitnehmen einpacken lassen können. Fast schon legendär ist im Sommer das jährliche „Zoiglfest Am Anger" des Burschenvereins Concordia, bei dem Zoigl von verschiedenen Mitterteicher Kommunbrauern geschenkt wird.

Hans Lugert hängt statt eines Zoiglsterns nach altem Mitterteicher Brauch einen „Buschn" vor das Haus.

Mit „Boozhaus" weitere Adresse

Seit 1999 gibt es in Mitterteich auch im **„Boozhaus"** wieder süffigen Zoigl direkt vom Kommunbrauer. Mit einem Bootshaus hat die Stube von Christa und Hans Lugert an der Bachstraße 12 übrigens nichts zu tun. „Booz" ist vielmehr der alte Hausname des ehemaligen landwirtschaftlichen Anwesens, das die Lugerts 1993 erworben und umgebaut haben. Das Bier gärt in einem alten Gewölbekeller unter dem Haus, der mit moderner Kühl- und Lagertechnik bestückt ist.

Das Ehepaar Lugert hat sieben Kinder. Keine Frage, dass da immer was los ist, wenn der Vater mit der Leiter den „Buschn" vor das

Haus hängt. Obwohl die Töchter Barbara, Andrea, Johanna, Elisabeth und Michaela sowie die Söhne Simon und Matthias inzwischen selbst berufstätig sind, ist der Zoigl noch immer ein Familienunternehmen. Es gibt zu den sechs oder sieben Schankwochen pro Jahr nicht nur die üblichen kalten Hausmacherbrotzeiten, sondern auch warme Gerichte wie Schlachtschüssel, Schaschlik, Kesselfleisch und wechselnde Schmankerln wie Pferdegulasch oder Dotsch mit Schwammerl. Neben der knapp vierzig Gäste fassenden Zoiglstube und einem großen Nebenraum wird im Sommer auch der malerische Innenhof bewirtschaftet.

Mit der Schankstube **„Zoiglbauer"** ist 2010 eine vierte Wirtschaft dazugekommen. Die Familie Männl hat die frühere Traditionsgaststätte „Zum untern Malzer" als Zoiglwirtschaft wiederbelebt. Dies entfachte in Mitterteich übrigens fast einen neuen Bierkrieg. Denn zuerst sahen die Pläne der Familie Männl vor, die Bierwürze zwar im Kommunbrauhaus zu kochen und zu hopfen, das Bier dann aber in einer Privatbauerei gären zu lassen. Und das in der Zoiglhochburg Mitterteich! Heiße Sitzungen des Stadtrats und Schlagzeilen in der Presse waren die Folge. Schließlich erließ der Stadtrat in Anlehnung an die Communbrauordnung von 1880 neue Richtlinien für das Kommunbrauhaus. Die Familie Männl stellte in ihrem nahen Bäckereibetrieb in Steinmühle Gärtanks auf, wo die Würze nun zu Bier heranreift. Danach haben sich die Gemüter wieder beruhigt, zumindest etwas. Denn die Tatsache, dass der „Zoiglbauer" das Bier aus dem Kommunbrauhaus in Flaschen abfüllt, verkorkt und tragerlweise (auch als Sixpack) verkauft, ist vielen Bierrechtlern nach wie vor ein Dorn im Auge. Auch mit diesem Thema haben sich Vertreter der Stadt beschäftigt. „Eine Flaschenabfüllung und der Verkauf in Flaschen können die Zoigl-Tradition durchaus bereichern", ließ Bürgermeister Roland Grillmeier danach in einer offiziellen Verlautbarung wissen. Ach ja, das Thema Pasteurisierung, bei einem naturbelassenen Bier wie dem Zoigl ungemein heikel, kam ebenfalls zur Sprache. Da hielt sich die Stadt raus. Von solch einem Verfahren sei in historischen Quellen nichts zu lesen, so die offizielle Begründung.

Bei festlichen Anlässen präsentieren die Mitterteicher ihr Städtchen gerne mit einer rollenden Zoiglstube. Dann wird die Einrichtung der früheren Mitterteicher Schankstube „Tretter", die am Kirchplatz beheimatet war, auf einen Festwagen verladen.

Der neue „Bohrer"

Auch die Wissenschaftler und Arbeiter auf dem Gelände der Kontinentalen Tiefbohrung bei Windischeschenbach genossen zünftige Zoiglabende. Die nette Gesellschaft beim Kommunbrauer war für viele eine willkommene Abwechslung zum stressigen Hightech-Bohrbetrieb und ein schöner Zeitvertreib fern der Heimat. Außerdem konnte man beim Zoigl natürlich günstig essen und die deftigen Spezialitäten der Oberpfalz kennenlernen. So bildete sich beim Loistl, der jede Woche geöffnet hat, bald ein Stammtisch der Bohrleute. Da die Mitarbeiter am Projekt oft wechselten, gab es immer wieder neue Gesichter. Der Geselligkeit tat dies keinen Abbruch. Der Zoigl boomte damals noch nicht so wie heute. Deshalb fielen Fremde schnell auf. Wenn ein Mann allein mit unsicherem Blick die Stube betrat, ordnete Anni Loistl ihn meist zielsicher diesem Stammtisch zu. So auch eines Tages, als wieder einmal ein Fremder in der Stube an der Neustädter Straße auftauchte. „Sie san sicher a neuer Bohrer?", fragte die Wirtin den Gast. Der war ob dieser Menschenkenntnis sichtlich erstaunt und nickte. Also schickte ihn die Wirtin zum Stammtisch in die Ecke. Der Neue tat, wie ihm geheißen worden war. Am Stammtisch brach wenig später schallendes Gelächter aus. Natürlich wollte die Wirtin mitlachen. Also erzählten ihr die Erdforscher den Grund für die Gaudi. Der unbekannte „Bohrer" war kein Mitarbeiter des wissenschaftlichen Forschungsprojekts, sondern ein Zahnarzt, der eine Vertretung in der Stadt übernommen hatte.

Der blaue Montag

In der guten alten Zeit war, wenn in Mitterteich Zoigl ausgeschenkt wurde, der blaue Montag an der Tagesordnung. Da kam es nicht selten vor, dass eine Baufirma die Arbeiter einzeln in den Zoiglstuben auflesen musste. Der Held-Hans war so einer, der das Anzapfen eines Fasses Zoiglbier schon von Weitem roch. Manchmal war der Maurer, den alle nur unter dem Namen „Tschumpl" kannten, verschwunden, ohne die Zeche zu zahlen. Auch im früheren Wirtshaus „Scharfes Eck" war dies eines Tages der Fall. Als der Wirt am nächsten Tag den „Tschumpl" um die Ecke kommen sah, erinnerte er ihn an seine Schuld. „He, Tschumpl, von dir steht von gestern noch was", so der Wirt. Daraufhin der Maurer: „Schütt's einfach weg."

Eslarner Bier rettet Oberpfälzer Rebhühner

Die Familie Grießl hat in Eslarn mit ihrer Zoiglstube den Brauch des öffentlichen Ausschanks neu belebt.

Das Eslarner Kommunbrauhaus ist das Reich vom „Fritzn-Schorsch“ Georg Zierer. Ihm ist es zu verdanken, dass die Kommunbrautradition in Eslarn überlebt hat.

Kommunbrauhaus mit schwarzen Zahlen

Wer glaubt, dass Rebhuhnzoigl ein Bier ist, das besonders gut zu Wildgeflügel mundet, der irrt gewaltig. Dieser Zoigl soll nicht den Verzehr der Tiere fördern, sondern vielmehr den Schutz der in den Fluren selten gewordenen Raufußhühner. Gebraut wird die ungewöhnliche Bierspezialität aus Dinkel, Emmer und Einkorn. Diese alten Getreidesorten sind für das Überleben der Rebhühner ungemein wichtig. Bauern bauen sie für den Zoigl im Raum Tännesberg und Gleiritsch wieder an. Mit jedem Schluck Gerstensaft leistet der Bierliebhaber einen kleinen Beitrag zur Verbesserung der Lebensbedingungen der Rebhühner in der Oberpfalz. Die Tatsache, dass mit Bier nicht nur Regenwälder gerettet werden können, sondern auch die Oberpfälzer Getreidevielfalt, hat die Landtagsabgeordneten bei einer Verkostung mit dem originellen Mehrkornzoigl (alc. 5,0 % vol.) vor einigen Jahren schwer beeindruckt.

Das ungewöhnliche Wildhühnerbier aus dem Naturpark Nördlicher Oberpfälzer Wald ist mittlerweile als Marke geschützt. Gebraut wird es im Eslarner Kommunbrauhaus. Natürlich gibt es dort auch normalen Zoigl. Sechzig Haus- und Hobbybrauer, so viele wie in keinem anderen Oberpfälzer Kommun-

In den alten Felsenkellern am Schlossberg reift auch der Rebhuhn-Zoigl heran, den Bürgermeister Reiner Gäbl und seine Helfer abfüllen. Garant für das Gelingen ist der „Zierer-Schorsch" (hinten, Mitte), der das Handwerk des Braumeisters von der Pike auf gelernt hat.

brauort, lassen in Eslarn noch gegen Kesselgeld die Würze für den eigenen Haustrunk kochen. Die Bierliebhaber von der Grenze gehen für den Zoigl meilenweit. Die Alten erzählen gerne, wie sie vor Jahrzehnten zu Fuß zum Hopfenpflücken in die Hallertau marschiert sind, um eine wichtige Zutat für das Bier selbst zu ernten.

Über hundert Jahre alt ist das Eslarner Kommunbrauhaus. 1900 wurde es am Südrand der Hofweiherwiesen an der Brennerstraße errichtet. Eine Inschrift an der Außenfassade des Brauhauses zeigt die Jahreszahl 1522. So lange machen die Eslarner Bürger schon ihr eigenes Bier. Einst stand an gleicher Stelle ein herrschaftliches Brauhaus, das dem Hofmarkherrn Hieronymus Stöckel gehört hatte. 1755 kaufte der Markt Eslarn das Gebäude für hundertfünfzig Gulden.

Obwohl es nach den Aufzeichnungen damals schon ruinös war, dauerte es fast hundertfünfzig Jahre bis zum Neubau.

Die Kessel sind das Reich von Georg Zierer. Der über achtzigjährige Senior, der gleich nebenan wohnt, hat sein Handwerk von der Pike auf gelernt. Als Fünfzehnjähriger hat der „Fritzn-Schorsch" bei der Eslarner Brauerei Bauriedl begonnen, sich als Lehrling in die Kunst des Brauens und Mälzens einweihen zu lassen. Seit 1951 kocht er im Kommunbrauhaus die Würze für dunklen und hellen Zoigl. Auch im Ruhestand braut der Schorsch unermüdlich weiter. Zuletzt machte er pro Jahr rund vierzig Sud Würze. Das sind umgerechnet etwa tausendeinhundert Hektoliter Bier. „Für uns ist er ein absoluter Glücksfall", lobt Bürgermeister Reiner Gäbl das Fachwissen und Engagement „seines" Braumeisters. Die Einrichtung schreibt unter Zierer seit Jahren schwarze Zahlen. Es gelingt sogar immer wieder, Rücklagen für die Zukunft zu bilden.

Das Landesamt für Denkmalpflege hat die Eslarner Braustätte mittlerweile als Baudenkmal unter Schutz gestellt. „Dort ist die Tradition örtlicher Selbstproduktion eines landestypischen Grundnahrungsmittels noch ursprünglich erhalten", lautet die Begründung. Im Klartext heißt dies: Im alten Brauhaus kann man zusehen, wie vor über hundert Jahren Bier gemacht worden ist. Selbst Kreisheimatpfleger Peter Bantelmann kommt da ins Schwärmen. Es gebe kaum technische Denkmäler in der Region. Da sei das Kommunbrauhaus schon etwas Besonderes.

Zum dreigeschossigen Bauwerk gehören eine eingeschossige Lagerhalle und ein Fachwerkanbau, in dem das Kühlschiff steht. Die Ausstattung stammt zum Großteil aus der

Zeit der Erbauung des Hauses. Selbst eine von Riemen angetriebene Schrotmühle leistet Zierer noch gute Dienste. Zum letzten Mal renoviert wurde das Brauhaus Anfang der 90er Jahre des 20. Jahrhunderts. Damals wurde auch der hohe Industrieschornstein aufgemauert, auf dem im Sommer der Weißstorch nistet.

Kein Mensch sagte übrigens früher in „Isling" Zoigl zum Bier aus dem gemeinschaftlichen Brauhaus. Der naturtrübe Gerstensaft hieß schlicht die Kommune. Diese Besonderheit hat den Markt 2004 dazu bewogen, sich die Marke „Kommunbier" vom Deutschen Patent- und Markenamt in München schützen zu lassen.

„Diesel" aus der Hausbrennerei

1996 öffnete in der schmucken Grenzgemeinde die erste Bierschenke, die wieder Kommune auftischt: die **„Zoiglstum beim Strehern"**. Im gemütlichen Wirtshaus ist nicht nur das Bier hausgemacht. Die deftigen Brotzeiten und Gerichte stammen aus eigener Schlachtung. Selbst viele Schnäpse, darunter „Streherndiesel", brennen die Wirtsleute selbst. Beim „Strehern" zeigt nicht nur ein Stern den Ausschank an. Die Familie Grießl hängt nach altem Brauch auch einen Reiserbesen vor die Haustür.

Wenn der Reiserbesen vor dem Haus hängt, dann schenkt Lisa Grießl in der „Zoiglstum beim Strehern" wieder Kommunbier aus. Den Begriff haben sich die Eslarner übrigens ebenso wie das Rebhuhnbier markenrechtlich schützen lassen.

Die Tillystraße, an der die Wirtschaft liegt, erinnert daran, dass die Gegend im Dreißigjährigen Krieg ein wichtiger Schauplatz von Kämpfen war. Die Feldherren Johann Tserclaes von Tilly und Ernst von Mansfeld lieferten sich hier im Sommer 1621 einen erbitterten Stellungskrieg. Reste der Schanzen sind direkt am nahen Grenzübergang Tillyschanz zu sehen. Die Feldherren ernährten ihre Truppen durch Plünderungen und Raubzüge. Mit ziemlicher Sicherheit bedienten sich die Söldner auch in Zoiglkellern der Kommunbrauer.

Der „Zäpferte" – ein Tipp für Wanderer

Wenn die Stube „Beim Strehern" geschlossen ist, besteht in Eslarn neuerdings die Möglichkeit, im wenige Kilometer entfernten Bruckhof zum Zoigl zu gehen. Dort freut sich Landwirt Ernst Kleber in seinem Brotzeitstüberl **„Zum Zäpferten"** über jeden Gast, der sich für den Oberpfälzer Bierkult interessiert. Der Kommunb(r)auer tischt zum selbst vergorenen Gerstensaft Leberkäs und andere deftige Brotzeiten aus der eigenen Wurstkuchl auf. „Zäpfert" nennen die Leute an der Grenze übrigens jemanden, der körperlich etwas zurückgeblieben ist. Wahrscheinlich liegt es am gesunden, nahrhaften Zoigl und den üppigen Hausmacherbrotzeiten, dass dieser Spottname aus Kindheitstagen auf den Wirt überhaupt nicht mehr zutrifft.
Die Stube ist ein Einkehrtipp für Wanderer. Ein Rundkurs führt vom Eslarner Rathaus direkt beim Bauernhof vorbei: eine prima Möglichkeit, sich vor einer Einkehr Hunger und Durst zu holen. Außerdem wird demnächst auch im Museum, direkt beim Kommunbrauhaus, echter Kommunbrauzoigl ausgeschenkt.

Das einzigartige Eslarner Rebhuhnbier gibt es von Zeit zu Zeit auch in der urigen Wirtschaft **„Lederer"** am Marktplatz 4 in Tännesberg, in der knapp fünfzig Plätze fassenden Wirtsstube von Max Völkl. Genauso ungewöhnlich wie das Bier sind die Erdäpfelgerichte, die bisweilen dazu auf den Tisch kommen. Da kann es schon mal passieren, dass der Kartoffelstampf lila erscheint und bunte Pellkartoffeln auf dem Teller liegen.

Unter dem Motto „Naturschutz geht durch den Magen" bauen die Landwirte im Raum Tännesberg und Gleiritsch nämlich nicht nur alte Getreide-, sondern auch fast in Vergessenheit geratene Kartoffelsorten mit seltsamen Namen wie Rosa Tannenzapfen, Blaue Schweden und Bamberger Hörnchen an. Bei schönem Wetter bewirtschaften die Völkls zudem den romantischen Innenhof des denkmalgeschützten Anwesens, der regelmäßig

Die Zoiglstube „Zum Zäpferten" von Ernst Kleber (Zweiter von rechts) ist ein Geheimtipp für Wanderer. Wer dort einkehrt, sollte viel Hunger und Durst mitbringen.

Schauplatz von Bauern- und Weihnachtsmärkten ist.

Auch nach Pleystein ist der Zoigl zurückgekehrt. 1921 war der Braubetrieb am Rosenquarzfelsen eingestellt worden. Obwohl die Einrichtung des Brauhauses sehr marode war, brachte die Versteigerung der alten Utensilien wegen der Inflationszeit den rekordverdächtigen Erlös von 28,5 Millionen Mark. So viel Geld musste Josef Voit nicht investieren, um die ehemalige Spenglerwerkstatt an der Neuenhammerstraße 20 in die Stube **„Zoigl-Voit"** umzubauen. Anfangs schenkte er echtes Kommunbier aus, das er in Eslarn brauen und in Pleystein gären ließ. Mittlerweile ist er aber auf „Brauerei-Zoigl" aus Windischeschenbach umgestiegen.

Zoigl trifft auf Pilsener Urquell

Wer auf den Spuren Oberpfälzer Kommunbrautradition wandeln will, für den lohnt sich auch ein Ausflug nach Schönsee. Dort gibt es zwar keine öffentliche Zoiglstube mehr, wohl aber noch ein altes Kommunbrauhaus. Bis in die 50er Jahre des vergangenen Jahrhunderts ist dort die Würze für Bier gekocht worden. Mittlerweile baut das Haus als **Centrum Bavaria Bohemia** Brücken nach Böhmen, Oberpfälzer Zoigl trifft in Schönsee also auf Pilsener Urquell.

Ein ganzes Museum nur über den Zoigl

Eslarn ist eine Hochburg der Zoiglkultur. Rund sechzig Haus- und Hobbybrauer – so viele wie in keinem anderen Oberpfälzer Kommunbrauort – frönen dort noch ihrem Hobby. Es kommt also nicht von ungfähr, dass es hier auch das weltweit erste und bislang einzige Kommunbiermuseum zu bestaunen gibt.

Der Markt hat 2012 aus der Not eine Tugend gemacht. Als eine Sanierung des 1900 nach einem Brand neu errichteten Kommunbrauhauses anstand, beschloss die Gemeinde, der das denkmalgeschützte Gebäude gehört, nicht zu kleckern, sondern zu klotzen. Unter dem Motto „Brauen in althergebrachter Weise seit Generationen" wurden auch die ehemalige Raiffeisenlagerhalle und die angrenzenden Hofflächen in das Gesamtnutzungskonzept eingebunden. „Das bot sich an, weil dort früher das Malzhaus stand", weiß Bürgermeister Reiner Gäbl.

Rund 1,3 Millionen Euro verschlang die Umsetzung des Museums. Die Einrichtung will keine staubtrockene Geschichte vermitteln, sondern lädt dazu ein, den Zoigl mit allen Sinnen zu erleben. Während man im Sudhaus regelmäßig live zusehen kann, wie die Würze für das Kommunbier oder den Rebhuhn-Zoigl gekocht und gehopft wird, erfährt man im ehemaligen Raiffeisenlagergebäude, was hinter Begriffen wie Zwei-Maische-Verfahren, Bierkieser und Kesselgeld steckt und woher der Begriff Zoigl stammt. Umfassend wird dort die lange Geschichte des Kommunbrauwesens dokumentiert. Die Luft ist dabei bisweilen geschwängert von den süßlichen Düften, die beim Brauen des Gerstensafts entstehen, und den verführerischen Gerüchen deftiger Brotzeiten. Besondere Attraktion ist nämlich ein Museumsstüberl, in dem man nach dem Rundgang einkehren und Zoigl verkosten kann. Wie weit die Eslarner Zoigltradition zurückreicht, weiß übrigens keiner so genau.1522 ist auf jeden Fall erstmals ein Brauhaus, das damals noch unterhalb des Rathauses stand, erwähnt. 1963 schlossen die letzten Zoiglstuben ihre Pforten. Im Gegensatz zu anderen Kommunbrauorten wurde aber in der Grenzgemeinde für den Hausgebrauch fleißig weitergebraut. 1996 belebte Albert Grießl mit der „Zoiglstum Zum Strehern" auch die Tradition des öffentlichen Ausschanks wieder.

Die Büttner, die Fassmacher, hatten in Eslarn wegen er vielen Bierrechtler früher ganz schön zu tun. Leo Grötsch (†20. Januar 2006) war der letzte seiner Zunft. Er hatte das Handwerk noch von der Pike auf gelernt. Auch von seiner schweren Arbeit erzählt das Kommunbiermuseum (links). Rechts ist Brauer Georg Zierer bei der Arbeit zu sehen.

„Sternstunden“ ohne Sudhaus und Gärbottich

Zoigl im Landkreis Neustadt und in Weiden

Hell strahlt der Zoiglstern wieder im Kreisstädtchen Neustadt a. d. Waldnaab. Beim Bier wird der Ort in einem Atemzug mit Windischeschenbach, Neuhaus, Falkenberg, Eslarn und Mitterteich genannt. Manch einem Gast ist angesichts der schmucken Zoiglstuben gar nicht bewusst, dass in der Kreisstadt schon seit Jahrzehnten kein Gerstensaft mehr gebraut wird. Die viele hundert Jahre alte Brauereitradition ging spätestens mit dem Abriss der Bärenbrauerei 2007 zu Ende.

In einer Urkunde Kaiser Karls IV. aus dem Jahr 1354 ist schon von einer Mulz-, Brau- und Schenkschutzzone rund um Neustadt a. d. Waldnaab die Rede. Mit ziemlicher Sicherheit gärten die Bürger damals schon ihr eigenes Bier. Der Originalhandschuh des Kaisers, den dieser als Faustpfand für die

Legendär sind in Neustadt a. d. Waldnaab die Zoiglstuben-Kontrollen von Gendarm Nikolaus Haslbeck (links), der als Original in die Geschichtsbücher einging.

Beim „Brucksaler“ in Neustadt a. d. Waldnaab zeigt alle vier Wochen ein zweifarbiger Holzstern den Ausschank an.

Verleihung von Rechten in der Stadt zurückgelassen hat, ist das Prunkstück im schmucken Stadtmuseum am Kirchplatz. Neben viel Glaskunst gibt es dort auch Exponate zum Zoigl zu sehen.

Die Kreisstädter hatten zeitweise sogar mehrere Brauhäuser. Ein fürstliches stand in der Nähe des Schlosses der böhmischen Lobkowitzer, das heute das Landratsamt beherbergt. Außerdem gab es an der Floß ein städtisches Brauhaus. Später wurden beide Einrichtungen im „Doktorhof“ an der Bräuhausstraße zuerst räumlich und dann auch organisatorisch zusammengelegt. Die Neustädter waren es auch, die mit einem Bierstreit dafür sorgten, dass der Begriff Zoigl 1508 erstmals urkundlich erwähnt worden ist. Die Bergfreiheit der damaligen Zeit gestattete es den Hammerherren, selbst Bierschenken zu betreiben. Davon machten die Besitzer des Hammers von Harlesberg vor den Toren der Stadt Gebrauch, was die Neustädter als dreisten Verstoß gegen ihre Brauprivilegien empfanden. Der Landrichter fasste ein salomonisches Urteil: Die Hammerherren durften zwar ihre Leute und Gäste mit Bier versorgen, aber keinen „Zeigel" heraushängen. Außerdem wurden sie verpflichtet, in Neustadt einzukaufen.

1865 gab es in Neustadt a. d. Waldnaab zweihundertsieben Brauberechtigte und Dutzende von Zoiglwirtschaften. 1955 waren es noch fünf: der „Faber" Johann Gleißner, der „Spechter" Matthias Brewitzer, der „Stodtmüllner" Andreas Lohwasser, der „Aweg-Dampf" Johann Rosner und der „Brucksaler" Robert Wiedenhofer. 1961 ging diese Ära mit dem Abriss des Kommunbrauhauses zu Ende. 1982 ließ die „Dampf-Gretl" zur 750-Jahr-Feier die Tradition wieder aufleben und begann, in der noch vorhandenen, rund dreißig Plätze fassenden rustikalen **„Aweg-Stube"** in der Unteren Vorstadt 15 Zoigl auszuschenken. Bis zu ihrem Tod im April 2012 servierte sie dort selbst Zoigl. Das Bier war seinerzeit Nebensache. Viel wichtiger war es, die Stube mit der alten Einrichtung, dem Bretterboden und dem zur Hutablage umfunktionierten Rußbalken, der quer durch die Stube läuft, zu bewundern und natürlich die

Der Neustädter Maler Hans Nachtmann hat auf einem seiner zahlreichen Kunstwerke auch das Kommunbrauhaus im Neustädter „Doktorhof" verewigt.

Vor laufender Kamera sang der Glasbläser und Humorist Bepp Zupfer (hinten) in der „Aweg-Stube" bei der „Dampf-Gretl" in Neustadt seine „Gloserer-Lieder". Die Glasöfen sind erloschen, der Zoigl erlebt eine Renaissance.

„Dampf-Gretl" zu erleben, die eines der letzten Originale der Kreisstadt war. Mittlerweile hat die Enkeltochter die Stube übernommen. Seit dem Stadtjubiläum gibt es wie zur guten, alten Zeit in Neustadt auch wieder einen Nachtwächter, der an besonderen Festen mit der Laterne durch die Stadt zieht und mit sonorer Stimme mit seinem „Hört, ihr Leut' und lasst euch sagen" die Gäste vom Zoigl heimschickt. Und es gibt eine Bürgerwehr, die Nachtschwärmer „beschützt".

Unzählige Male musste die „Dampf-Gretl" die Frage beantworten, woher der Beiname „Dampf" komme. Den habe ihr der Großvater hinterlassen, wusste sie. Der hatte in einer Runde Schafkopf gespielt, in der fast alle Mitspieler Hans hießen. Also gaben sich die Männer Spitznamen. Ihr Großvater war fortan der Dampf-Hans. „Aweg" bedeutet übrigens nicht, wie von der Gretl vermutet, „Am Weg", sondern weist auf einen früheren Besitzer namens „Einweg" hin, wie Hausnamenforscher Fred Fröhlich unlängst herausgefunden hat.

Wasserschnalzn beim „Waldhauser"

Gar nicht weit entfernt davon steht in der Freyung 26 der **„Waldhauser"**. Oh mei, wenn die fünf Stahl-Schwestern erleben würden, wie viele gestandene Mannsbilder alle paar Wochen vier Tage lang in das Haus Freyung 26 drängen und dort stundenlang beim Zoigl ungeniert auf dem Kanapee oder am Tisch in der „Kuchl" sitzen, dann wären sie wohl außer sich. Bei Anna, Maria, Frieda, Gretl und Johanna, den früheren Besitzerinnen des Hauses, kam nur selten ein Herr über die Holzschwelle. Da der einzige Bruder im Krieg gefallen war, mussten die fünf Schwestern beim Wirtschaften in dem kleinen Ackerbürgerhaus ganz schön mit hinlangen. Und sie zeigten, dass es auch ohne ein Mannsbild geht. Obwohl die fünf Frauen durchaus ansehnlich gewesen sein sollen, brachte keine einen Hochzeiter mit nach Hause. Dies war das Glück von Doris und Josef Schmid. Nach dem Tod der letzten Bewohnerin Ende der 90er Jahre stand das Haus leer und verfiel zusehends. Bis Doris Schmid den Fuß über die Schwelle des 1812 erstmals urkundlich erwähnten, kleinen Ackerbürgerhauses setzte.

Sie kam, sah und verliebte sich in das Gebäude. Doris Schmid begann, nicht mehr nur von einer eigenen Zoiglstube zu träumen, sondern den Traum zu leben. „Viele Freunde erklärten mich nach dem Kauf für verrückt", lacht die frühere Chefsekretärin über ihre zweite Karriere, die 2002 nach eineinhalbjähriger Planungs- und Umbauphase begann.

Bei der Suche nach einem Namen dachten die Schmids auch einige Zeit daran, dem früheren Neustädter Gendarm Haslbeck ein Denkmal zu setzen, dann machte aber doch „Waldhauser", der klangvolle Geburtsname des Großvaters des Ehemanns und Wirts, das Rennen. Bei der Ausstattung setzte Doris Schmid auf Originalität. Im Haus vorgefundene Möbel ließ sie zu Geschirrschränken umarbeiten. Sanierungs-Fundstücke wie Gebetbücher, eine alte Chronik über St. Felix, Aussteuerstücke und Billionen von Reichsmark aus der Inflationszeit schmücken Nischen und Mauervorsprünge.

Wie gut die Sanierung und der Umbau des ehemaligen Kleinbauernhofs mit Wohnstallhaus gelungen sind, zeigt die Verleihung des Denkmalschutzpreises an die Bauherrin. In den auf zwei Stockwerke verteilten, urgemütlich eingerichteten Stuben, im Stodl und in dem an lauen Sommertagen bewirtschafteten Innenhof scheint die Zeit stehengeblieben zu sein. Zum Zoigl aus dem Neuhauser Kommunbrauhaus gibt es neben kalten Brotzeiten auch edle Weine und ausgefallene warme Speisen wie Erdäpfelgemüse, Pimperlkraut und Wasserschnalzn nach Rezepten, wie sie vielleicht auch die Stahl-Schwestern gekannt und geliebt hatten.

„Brucksaler" mit schönem Biergarten

Der **„Brucksaler"** an der Neustädter Bahnhofstraße 13 ist allein schon wegen seines Biergartens einen Besuch wert. Rund hundert Gäste haben rund um die Kastanienlaube Platz. Zum Anwesen gehört auch ein historischer Holzbackofen. Wenn er raucht und der verführerische Duft von Zwiebel- und Flammkuchen in der Luft liegt, ist die Idylle perfekt.

Der Geruch lockt auch Radlfahrer in Scharen an. Gleich um die Ecke beginnt der „Bocklweg", der längste und wohl auch schönste Bahntrassenradweg Bayerns, der als Teil des Paneuropa-Radwegs Paris mit Prag verbindet. Der Waldnaabtal-Radweg, eine romantische Flüsseroute, führt ebenfalls fast direkt an der Zoiglstube vorbei. Für viele ist die Einkehr beim „Brucksaler" die Krönung einer Tour auf den Freizeittrassen.

Mit Hans Völkl, den alle nur „Stutz" nennen (rechts), schwingt beim „Waldhauser" in Neustadt ein Original in der Küche den Kochlöffel. Genauso ungewöhnlich wie der Koch ist auch das Erdäpfelgemüse, das er auftischt.

Bei schönem Wetter wird auch der Hof der Neustädter Zoiglstube „Brucksaler" bewirtschaftet. Dort geht es meist hoch her, zumal gleich um die Ecke der beliebte Bocklradweg beginnt.

Der Hausname „Brucksaler" weist darauf hin, dass im Haus an der Brücke einst das Seilerhandwerk zu Hause war. Ein Meisterstück in der Schankstube erinnert an die Tradition. Der letzte Seiler war Robert Wiedenhofer. Er war auch der letzte „Braumeister" der Neustädter Bierrechtler. 2005 ließen die Familien Lang, Werner und Steiner die Schanktradition wieder aufleben, sanierten das Gebäude und bauten zwei Räume zu Zoiglstuben aus. Rund hundertzwanzig Gäste haben hinter den Granitsimsen und Sprossenfenstern Platz. Für Bierfilzl-Sammler ist ein Besuch beim „Brucksaler" neuerdings ein Muss. Seit 2009 gibt es ein echtes „Kunstfilzl", das der Neustädter Stefan Schadeck in jahrhundertealter Dreifarben-Holzdrucktechnik kreiert hat.

Ein Bild aus lange vergangenen Neustädter Zoigltagen. Der Lohwasser-Resl von der Stadtmühle, der „Aweg-Dampf" (von links) und der Brewitzer-Sepp (rechts) ließen sich mit Braumeister Robert Wiedenhofer (Zweiter von rechts) vor dem Bierfass ablichten.

Der Neustädter Künstler Stefan Schadeck lässt sich immer wieder von der Stimmung und den Menschen in den Zoiglstuben inspirieren.

Kunst zwischen Bier und Küchendüften

Wenn einer den Begriff „Zoigl-Kunstmaler" verdient, dann der aus Amberg stammende Stefan Schadeck. Der Neustädter, Jahrgang 1952, hat bei Wanderjahren in Spanien und Marokko einen ganz eigenen Stil gefunden. Sein überzeichneter Realismus erlebt in Zoiglszenen seine Perfektion. Eine viel beachtete Ausstellung hieß denn auch „Tischkultur" und spiegelte beim „Brucksaler" das Geschehen in den Wirtshäusern auf Zeit wider. Viele Originale an den Zapfhähnen und Tischen, darunter fast alle Neuhauser und „Eschawecka" Zoiglwirte, haben sich von Schadeck schon malen lassen. In etlichen Stuben hängen seine ganz und gar nicht bierernsten Bilder und Drucke.

Der Künstler lässt sich von der ungewöhnlichen Stimmung zwischen Bierdunst und Küchengerüchen immer wieder neu inspirieren. Schadeck mischt sich unter die Gäste und sammelt klammheimlich auf Filzen und Zetteln Köpfe und Szenen für neue Werke. Den Block immer in der Jackentasche, skizziert er mit dem Bleistift in Sekundenschnelle unbemerkt Gesten, Faltenwürfe und Grimassen, die er zu einem neuen Ganzen zusammenfügt. Hier ein erhobener Zeigefinger, da ein breites Grinsen, dort ein über der Brotzeit schwitzender Gast ... „In keinem anderen Umfeld kann man solch ein Miteinander unterschiedlichster Menschen studieren", schwärmt Schadeck von der einzigartigen Atmosphäre beim Oberpfälzer Zoigl.

Der Kunsterzieher am Neustädter Gymnasium hat in der Kreisstadt an der Watzlikstraße 24 auch ein kleines Atelier und freut sich immer über den Besuch von Kunst- und Zoiglliebhabern, die in der Kreisstadt mittlerweile sonntags auch wieder in der alten **Brewitzer-Stube** bewirtet werden.

Ein Prosit auf den Alten Pfarrhof

Als die Bürger im Nachbarort Altenstadt a. d. Waldnaab1466 selbst Bier brauen wollten, war in Neustadt der Teufel los. Die Gesetzeslage war so klar, dass die Neustädter erst gar keine Gerichte bemühten, sondern selbst ausrückten, um diesen Frevel zu sühnen. Sie nahmen die Altenstädter Brauer gefangen und warfen sie in das Gefängnis, was ihnen später einen Rüffel der Obrigkeit einbrachte. So steht es in den Geschichtsbüchern. Heute ist dies ganz anders. Während in Neustadt das Feuer unter der Sudpfanne erloschen ist, gibt es in Altenstadt seit einigen Jahren mit dem Eismann eine kleine private Kellerbrauerei, die Zoigl abfüllt, und mit dem **Alten Pfarrhof** eine gemütliche Zoiglstube.

Manchmal holen einen die eigenen Träume ein, und wenn es Jahrzehnte dauert. Die Umwandlung des Alten Pfarrhofs am Pfarrplatz 14 in Altenstadt a. d. Waldnaab in eine Wirtschaft mit Kommunbier ist so ein Spätzünder. Als junges Ding stand die Windischeschenbacherin Anni Loistl oft an der Bushaltestelle im Alten Dorf in Altenstadt a. d. Waldnaab, blickte verträumt auf den Alten Pfarrhof und ließ ihrer Fantasie freien Lauf. „Das Haus hat mich schon immer fasziniert", verrät sie. Heute, vier Jahrzehnte später, steht die damalige Mittelschülerin wieder oft in Altenstadt. Diesmal aber im Alten Pfarrhof, den sie so bewundert hat. Sie schenkt dort ihren

Im Alten Pfarrhof in Altenstadt a. d. Waldnaab serviert Bedienung Marion Kick den gleichen bernsteinfarbenen Zoigl, wie er beim Loistl in Windischeschenbach ausgeschenkt wird. Dafür gibt es eine einfache Erklärung: Die beiden Wirtschaften gehören der gleichen Familie.

Zoigl aus dem „Eschawecka" Kommunbrauhaus aus.

Der berühmte Waldsassener Barockbaumeister Johann Jakob Philipp Muttone hat das Gebäude um 1732 renoviert und barockisiert. Bis in die 20er Jahre des vorigen Jahrhunderts bewirtschaftete der Altenstädter Pfarrer von hier aus rund dreiundachtzig Tagwerk Grund. In den 60er Jahren verkaufte die Kirche den Hof an einen Unternehmer, der daraus Büro- und Lagerräume machte. Lange haben die Altenstädter Kommunalpolitiker ergebnislos darüber diskutiert, das Gebäude zu erwerben und daraus ein Museum oder ein Haus der Heimat zu machen. Es blieb bei Gedankenspielen, das Denkmal verfiel. 2005 kauften die Windischeschenbacher Kommunbrauer Rudolf und Anni Loistl das Anwesen und begannen, dort Zoigl auszuschenken.

„Die Tatsache, dass hier nicht viel renoviert und damit verbaut worden ist, war für uns ein Glücksfall", schwärmt der bärtige Finanzbeamte Rudolf Loistl von den im Original erhaltenen schweren Holztüren mit den alten, schwarzen, geschmiedeten Beschlägen und wuchtigen Eisenriegeln. Der rund hundert Gäste fassende Schankraum befindet sich im Erdgeschoss rechts vom Portal. Dort, wo früher die Pfarrersköchinnen für die Hohe Geistlichkeit „Spouzn" geformt und ins köchelnde Salzwasser eingelegt sowie Braten gespickt und gefüllt haben, gibt es heute Rippchen, Schäufele und natürlich deftige Brotzeiten für jedermann.

Im Sommer ist im früheren Pfarrgarten Biergartenbetrieb. Einige Dutzend Gäste haben unter den alten Zwetschgen- und Birnbäumen sowie dem neu gepflanzten Apfelbaum, an dem köstlich duftende, gelbe Wachsrenetten reifen, Platz. Vom Torbogen zum Biergarten hat man genau das Franziskanerkloster und die Wallfahrtskirche St. Felix im nahen Neustadt im Blick. „Wie in einem Bilderrahmen. Das kann einfach kein Zufall sein", findet die Wirtin.

Auch mit leeren Holzfässern kann man bisweilen viel Spaß haben. Das grenzüberschreitende Bierfassrollen schlägt eine Brücke vom Oberpfälzer Zoigl zum böhmischen Pilsener.

Der Parksteiner „Leichtrunk"

In Parkstein heißt der Zoigl hin und wieder auch das gute „Goberlbier". Der Ausdruck erinnert an eine tragische Geschichte. Am 26. April 1877 fand man im Bräuhausbrunnen die Leiche des Zimmererlehrlings Jakob Stretz. Der gesellige „Goberl", der gerne seine Abende beim Zoigl im Kommunbrauhaus verbracht hatte, war seit Mitte Februar vermisst worden. Da er immer wieder erzählt hatte, dass er eines Tages nach Amerika auswandern würde, dachten die Bürger zuerst, dass er seinen Traum verwirklicht habe. Dann fand man ihn im Brunnenschacht, in dem er vermutlich zwei Monate lang gelegen hatte. Das sprach sich natürlich in Windeseile herum. Schließlich kommt es nicht alle Tage vor, dass einer verschwindet und nach Monaten tot entdeckt wird. Ob es ein Unglück, Freitod oder gar Mord war, konnte nie geklärt werden. Da der „Goberl" kurz vorher den Einberufungsbescheid zum Militär erhalten hatte und partout nicht Soldat werden wollte, gingen viele Bürger von einem Freitod aus.

Schnell kehrte wieder der Alltag im Ort ein. Mit einer Ausnahme: Keiner wollte mehr den Zoigl der „Bergheisler", wie die Parksteiner wegen ihres Vulkankegels bisweilen genannt werden, trinken, und war der Durst auch noch so groß. Die Leute hatten Angst, dass der „Leichtrunk" verseucht oder vielleicht sogar verflucht sei und sie selbst erkranken oder sterben würden. Da half auch alles gute Zureden nichts. Der Zoigl wurde sauer, und die Parksteiner tranken nur noch Bier, das von auswärts kam.

In seiner Not machte sich der damalige Bürgermeister, der Moierbinner, auf zum Landrat. Der war ein gescheiter Mann und würde sicher helfen können, dachte sich der Ratsherr. Doch der Landrat erklärte, was der Moierbinner ohnehin schon wusste. Das Wasser werde doch beim Brauen abgekocht, und das Bier könne damit völlig unbedenklich ausgeschenkt werden. Der Bürgermeister wusste, dass damit das Problem nicht gelöst werden konnte, und redete weiter auf den Landrat ein. Schließlich willigte der ein, selbst zur Verkostung nach Parkstein zu kommen. Und er hielt Wort. Als die Leute sahen, dass sogar der Herr Landrat das Bier trank, waren alle Bedenken weggeschwemmt, und der Zoigl floss in Strömen. Noch heute behauptet man, dass selten in Parkstein so viel Bier getrunken worden ist wie an jenem Tage.

Seit Juli 2009 gibt es auch in Störnstein eine Zoiglstube. Die Erbendorferin Edith Schultes hat den seit Jahrzehnten leer stehenden ehemaligen Rinderstall des elterlichen Bauernhofs umgebaut und daraus als zweites Standbein für den Dorfgasthof Hirmer eine urige Schankstube gemacht. Einmal im Monat hängt ein Wochenende lang beim **„Mundl"**, wie der Hausname des alten Anwesens lautet, der Stern vor der Tür. In der Stube haben rund vierzig Gäste Platz. Bei schönem Wetter gibt es noch einmal genau so viele Freisitze. Störnstein ist meist auch Ausgangspunkt oder Zielort des bayerisch-böhmischen Bierfassrollens. Bei dieser Gaudisportart wird ein leeres Holzfass mit Stangen angetrieben. Die Störnsteiner Zoiglfans haben dabei so viel Geschick entwickelt, dass sie sogar schon bei Welt- und Europameisterschaften erfolgreich waren.

Wer selbst einmal Zoiglwirt spielen will, kann seit dem Jahr 2008 in der Nachbargemeinde Püchersreuth für einen Abend die **„Hiaslbauer-Stubn"** mieten. Josef und Birgit Käß haben an der Hauptstraße 34 a den ehemaligen Schweinestall eines früheren Bauernhofs in einen urigen Gastraum mit rund achtzig Plätzen verwandelt. Vor allem Vereine und Jubilare nehmen dieses Angebot gerne an.

Schaumkronen unter Pommes-Wand

Es gehört schon viel Fantasie dazu, um beim Anblick des Parksteins an süffigen Zoigl zu denken. Die kantigen Basaltgarben erinnern eher an knusprige Pommes. Und doch pilgerten in vergangenen Jahrhunderten viele Menschen in der Hoffnung dorthin, künftig besseres Bier trinken zu können. Ihr Ziel war

Andrea und Manfred Neidhardt haben in Hammerles die Zoiglstube „Zum Vinzenz" eröffnet. Das Maskottchen vor dem Haus war das Geschenk eines Hobbyschnitzers.

jedoch nicht die Maria und den Vierzehn Nothelfern geweihte Kapelle auf dem Gipfel. Sie ist erst 1852 erbaut worden. Sie wollten zum Pfleger, der auf der Burg residierte. Er hatte als Landrichter neben Mord und Totschlag auch allerlei Zoiglstreitigkeiten zu schlichten.

Natürlich hatten die Parksteiner auch selbst das Braurecht. Schon um 1354 kochten die Bürger am Vulkankegel in einem Kommunbrauhaus an der heutigen Pressather Straße Würze für Bier. Auch ein Malzhaus und Hopfengärten gab es. Eine der vielen Wirtschaften war im Alten Schloss, dem früheren Landrichtersitz, untergebracht. Der „Schlossschreier" Josef Hausner schenkte dort Ende des 19. Jahrhunderts Zoigl aus. 1902 gaben die Bürger das Brauen wegen notwendiger Investitionen in das Kommunbrauhaus auf.

Jubiläum belebt Parksteiner Tradition

Zur 950-Jahr-Feier erinnerten sich Dieter und Else Menzl 2002 an die Parksteiner Tradition und schenkten als historischen Beitrag Zoigl aus. Das kam so gut an, dass die Familie daraus eine Dauereinrichtung machte. Fünf Jahre nach dem Fest eröffneten die Menzls im alten **„Wagerer-Anwesen"** an der Lichtensternstraße ihre Schankstube, in der es alle paar Wochen Zoigl aus dem „Eschawecka" Kommunbrauhaus gibt. Das einstige landwirtschaftliche Anwesen ganz in der Nähe des Rathauses ist uralt. Wie in vielen Parksteiner Gebäuden sind auch hier Basaltsteine verbaut, die wahrscheinlich aus einem Steinbruch vom Vulkan stammen. Bei schönem Wetter ist auch der Biergarten geöffnet. Den Schattenspender, eine Hainbuche, hat die Marktgemeinde gezahlt, die über ein Hausbaum-Programm wieder mehr Grün in den Ortskern bringt: eine pfiffige Idee.

Wer in Parkstein den etwas herberen Zoigl bevorzugt, pilgert in das Nachbardorf Hammerles. Alle paar Wochen gibt es im Gasthaus **„Zum Vinzenz"** echtes Kommunbier aus Neuhaus. Ein riesengroßes, hölzernes Laternenmandl vor dem Gebäude weist neben dem Stern den Weg in die urgemütlichen, rustikalen Stuben, welche die Wirtsleute Andrea und Manfred Neidhardt 2002 eingerichtet und sieben Jahre später erweitert haben. Neben den typischen Brotzeiten gibt es auch Gerichte wie „Strammer Max" und Leberkäs mit Spiegelei. Im Sommer kann man zudem im Freien sitzen, was oft Scharen von Radfahrern anlockt.

Der Ausschank beginnt immer am Donnerstag mit einem Musikantentreffen, bei dem es auch schon einmal vorkommt, dass die Wirtin selbst in die Tasten des Akkordeons greift.

In Parkstein gibt es zudem eine Zoiglwurst. Die Spezialität ist ein Renner der Bauernmetzgerei von Alfons und Elke Wittmann. Sie bieten das Schmankerl von der Stange sowie im Glas mit Aspikrand an. „In die Wurst kommt kein Zoigl. Der Name bedeutet vielmehr, dass sie aufgrund der besonderen Würze gut zum selbst gebrauten Bier passt", erläutern die Wittmanns. Die genauen Zutaten der Gewürzmischung der Wurst, die einer Göttinger ähnelt, bleiben das Geheimnis des Püchersreuther Metzgers Andreas Mois. Die Zoiglwurst ist ein altes Hausrezept seiner Familie.

Zoigl ist nicht nur gut gegen Liebeskummer und Erkältung, er hilft auch gegen Wirtshaussterben. Die Dorfwirtschaft **„Moierhof"** im nahen Altenparkstein ist der Beweis. Das Lokal machte nach über hundertjähriger Tradition 1971 dicht. Über fünfunddreißig Jahre später hauchte der Zoigl 2008 der Gaststube wieder Leben ein. Andrea und Hans Senft renovierten den rund siebzig Gäste fassenden

Dieter und Else Menzl bewirtschaften in Parkstein die Zoiglstube „Zum Wagerer".

Saal im ersten Stock des landwirtschaftlichen Anwesens und montierten einen Zoiglstern an die Hofeinfahrt. Danach brummte der Laden. Derzeit ist die Stube geschlossen, weil Hans Senft einen Nachfolger am Zapfhahn sucht.

Gemeindechef auch „Bier-germeister"

Im etwa tausendzweihundert Einwohner zählenden Markt Kohlberg ist der Bürgermeister gleichzeitig der „Bier-germeister". Gemeindechef Rudolf Götz steht beim **„Binnerlindl"** an der Raiffeisenstraße 1 höchstpersönlich hinter dem Zapfhahn.

Der Artesgrüner Götz hat das Gebäude mit seiner Frau Barbara liebevoll saniert und 2006 zwei urige Gasträume mit antiken Tischen, Stühlen, Standuhren und Sofas eingerichtet. Ein Stein im Giebel verkündet die Jahreszahl 1804. Die Liebe zum Alten wird an vielen Details deutlich. Allein über die urige Holzdecke könnte die Zoiglwirtin ein Buch schreiben. Wochenlang hat sie Paneele und Gipskarton entfernt sowie Farbe abgekratzt, bis das Schmuckstück wieder zu sehen war.

Rund hundert Personen können die Kohlberger Wirtsleute in der Kachelofenstube und im Gewölberaum unterbringen. Im Sommer sitzen die Gäste zudem im Innenhof. Auf den Tisch kommt Hausbier der Brauerei Rittmayer aus Aisch in Mittelfranken. Nach alter fränkischer Tradition holt der Wirt eine Woche altes Jungbier in Fässern in Aisch ab und lässt es im eigenen Keller nachgären. Zum fertigen Bier serviert die Familie Götz Obatzdn, saure Bratwürste, Debreziner mit Kraut, angemachten Backsteinkäse und andere regionale Schmankerln.

Für einen richtigen Zoiglwirt ist der Bierausschank mehr Hobby als Geschäft. Der Kohlberger Rudolf Götz (stehend, rechts) erholt sich im Gewölberaum seiner Wirtschaft „Binnerlindl" vom Stress als Bürgermeister der schmucken Marktgemeinde.

Krüge statt Züge in der „Eisenbahn"

Ein Zug hält in Vohenstrauß schon lange nicht mehr. Seit der Aufgabe des „Eslarner Bockls", der von Neustadt über Vohenstrauß in Richtung Grenze rumpelte, gibt es in der früheren Kreisstadt keinen Bahnverkehr mehr. Dabei ist Vohenstrauß mit etwa siebentausendfünfhundert Einwohnern der größte Ort im Landkreis Neustadt a. d. Waldnaab. Die Gleise sind Ende der 90er Jahre des 20. Jahrhunderts abgebaut worden. Aus der rund fünfzig Kilometer lange Trasse wurde der „Bocklweg", der über ein halbes Dutzend Zoiglstuben miteinander verbindet. Geblieben sind die Bahnhofstraße und das Wirtshaus **„d'Eisenbahn"**. So heißt die Zoiglstube, die Annett Schittenhelm und Gerald Jobst 2007 ganz in der Nähe des Radwegs eröffnet haben. Das schon 1707 urkundlich erwähnte Wirtshaus war eigentlich einst ein Weißbierbrauhaus. Doch das ist lange her. Selbst gebraut wird nicht mehr. In Vohenstrauß gibt es vermutlich die einzige „Eisenbahn", die sich über jeden Schwarzfahrer und Trittbrettfahrer freut. So heißen nämlich zwei „Scharfe", die auf der Getränkekarte stehen. Welche Schnäpse dahinterstecken, müssen Sie selbst herausfinden.

Mit der Gaststätte **„Zum Krapfenbauer"** hat Vohenstrauß seit 2012 noch eine weitere Wirtschaft, die sich dem Zoigl verschrieben hat. Dort fränkelt es übrigens ganz gewaltig. Spezialität des Hauses sind nämlich original Nürnberger Rostbratwürste, die je nach Zahl auf Zinnteller oder Zinnherzerln serviert werden. Dafür ist die alte Einrichtung noch original erhalten. Fußböden, Bänke, Wandverkleidungen und Deckenbalken wurden bei der Renovierung im Haus belassen. Der Münchener Besitzer Archibald Dreyer plant nach eigener Auskunft, in absehbarer Zeit in das geschichtsträchtige Haus, das nach dem früheren Vorbesitzer Georg Krapfenbauer, einem Metzgermeister, der 1921 dort eingeheiratet hat, benannt ist, noch eine eigene Kleinbrauerei zu integrieren. Dann will er Gerstensaft aus dem eigenen Sudkessel ausschenken. Bis es so weit ist, kommt der Zoigl aus einer nordbayerischen Kleinbrauerei, deren Namen der Wirt partout nicht verraten will. Auch die Einrichtung eines schmucken Biergartens ist noch vorgesehen.

Mit dem zuletzt einige Jahre leer stehenden „Krapfenbauer" hat sich Dreyer einen Alterssitz in der Oberpfalz geschaffen. Familiäre Bande verbinden ihn mit der Region (seine Frau stammt aus Neustadt a. d. Waldnaab, und die Schwägerin wohnt in Störnstein).

Neue Bierfreuden am Fuße der Burg

Pflasterern sagt man in der Oberpfalz schon immer nach, dass sie besonders viel Durst hätten. Ein Indiz für den Wahrheitsgehalt dieser Aussage ist die Eröffnung der Zoiglstube **„Stromhias"** in Flossenbürg. Auf die Idee, den großen Raum über der Garage an der Jahnstraße 21 zu einer etwa fünfzig Gäste fassende Bierstube zu machen, brachte Andrea und Matthias Niekrawietz nämlich ein Pflasterer beim Verlegen der Steine in der Einfahrt des Anwesens. Der Bauarbeiter stellte auch gleich selbst den Kontakt zu einem Mitterteicher Kommunbrauer her.

Der Name „Stromhias" ist eine Liebeserklärung von Zoiglwirtin Andrea an ihren Mann. Denn der „Hias", wie der wortkarge Oberpfälzer den Namen Matthias bisweilen abkürzt, ist ein Stromarbeiter. Er hat es als Elektrotechniker bereits bis zum Meister gebracht und in seiner auf antik getrimmten Schankstube einige technische Finessen versteckt. An den Wänden hängen Dreschflegel, Brotschaufel, Holzrechen, Holzpflug und andere bäuerliche Utensilien von anno dazumal. Alte „Wongradln" hat der „Stromhias" höchstpersönlich zu Lampen umgearbeitet. Auf der Speisenkarte steht neben den üblichen herzhaften Brotzeiten in der Regel auch Schlachtschüssel mit Dotsch. Es bietet sich an, eine Einkehr mit einer kleinen Wanderung zu verbinden. Überragt wird der Ort

Das Braurecht spielt beim Zoiglausschank keine Rolle mehr. Der „Stromhias" Matthias Niekrawietz bewirtet die Gäste im Garagenaufbau eines Neubaus, den er auf antik getrimmt hat.

Noch fehlt der Zoiglstern am Dammbauernhaus in Eschenbach. Hinter den schmucken Sprossenfenstern wird aber bereits eifrig an der Eröffnung einer Zoiglstube gearbeitet.

nämlich von der Burgruine Flossenbürg. Das malerische alte Gemäuer ist das Wahrzeichen des Naturparks Nördlicher Oberpfälzer Wald.

Zoiglwochenenden gibt es auch in der Metzgerei-Brotzeitstube **„Zum Gogerer"** im nahen Floß. Die knapp fünfzig Plätze fassende Bierwirtschaft liegt an der Freiherr-von-Lichtenstern-Straße 20. „Gogerer" ist die Abkürzung des Oberpfälzer Ausdrucks „Moidlsgogara", was so viel wie Schürzenjäger bedeutet: ein dezenter Hinweis darauf, dass sich beim Zoigl auch prima anbandeln lässt. Die Flosser hatten Jahrhunderte als Marktgemeindebürger selbst Bier gebraut. Seit 1421 sind diese Rechte nachweisbar. Ein Teil der Rechtler schloss sich 1929 zu einer Genossenschaftsbrauerei zusammen, aus der sich später die mittlerweile aufgegebene Brauerei Bürgerbräu entwickelte.

Auch im Westen des Landkreises Neustadt a. d. Waldnaab erwacht zunehmend wieder die Begeisterung für Zoiglabende. 2012 eröffnete Wilhelm Kraus in Grafenwöhr die alteingesessene Gaststätte **„Adler"** neu als Zoigl-Wirtschaft. An das große Holzportal ist ein Schankstern geschraubt, in dessen Mittelpunkt das Emblem der Brauerei Würth aus Windischeschenbach thront – sprich, das Bier kommt aus einer Privatbrauerei. Jede Woche ist Betrieb, und auf den Tisch kommen die üblichen Brotzeiten.

Zoigl-Rückkehr ins Dammbauernhaus

In der früheren Kreisstadt Eschenbach stehen Susanne und Gerhard Prösl in den Startlöchern. Sie haben das stolze **Dammbauernhaus** am Marienplatz erworben und saniert. Schon 2013 oder 2014 soll im Erdgeschoss des Anwesens Zoigl aus dem Zapfhahn fließen. „Wir werden unser Bier vermutlich aus der Windischeschenbacher Ecke beziehen", kündigt Susanne Prösl an. Das Konzept der Zoiglwirtschaft, die Vater und Tochter gemeinsam betreiben wollen, sieht eine Öffnungszeit von drei Tagen pro Woche vor. Zum süffigen Bier und deftigen Brotzeiten sollen dabei allerlei Events auf die Beine gestellt werden. Ein Teil der stilvollen Einrichtung von gestern und vorgestern stand bis zuletzt wirklich im Dammbauernhaus, das früher schon eine Zoiglschenke war. Ein Biergarten ist in Planung.

Architektin Susanne Prösl hat sich schon bei der ersten Besichtigung in das schmucke Walmdachhaus, das mittlerweile unter Denkmalschutz steht, verliebt. „In jedem Winkel ist Eschenbacher Geschichte gegenwärtig", schwärmt sie. Das Gebäude hat eine lange und bewegte Vergangenheit. Bader, Schuhmacher, Seifensieder und andere Handwerker gingen dort bereits ihrer Beschäftigung nach – und schenkten Kommunbier aus. In einer Niederschrift Ende des 19. Jahrhunderts wird ausdrücklich das Zoiglzeichen als besonders kunstvoll gearbeitete Schmiedearbeit erwähnt. Der letzte Besitzer, Reinhold Decker, wollte im Haus neben einer Bier- und Weinstube ein Privatmuseum einrichten, als ihn jäh der Tod ereilte. Der Name des Anwesens rührt übrigens daher, weil in der Nähe ein Damm angelegt war, der die Stadt vor Überschwemmungen schützen sollte.

Mit dem **„Glöckerlbauer"** eröffnete Bruni Bergler 2011 in der Schustermooslohe die erste nur alle paar Wochen geöffnete Zoiglstube in der Max-Reger-Stadt. Die Schenke ist im rückwärtigen Bereich eines Nebengebäudes auf dem landwirtschaftlichen Anwesen untergebracht. Im Sommer kann man die Bauernhofatmosphäre auch im Freien genießen. Wenn die Bruni zum Zapfhahn greift, dann schäumt Bier vom Püttner aus Schlammersdorf in die Gläser. Seit dem gleichen Jahr gibt es auch die Schenke **„Beim Heigl"** in Schirmitz, die ebenfalls im Zeichen des Zoiglsterns bewirtschaftet wird. Die Stube ist im rückwärtigen Bereich eines Hauses eingerichtet, in dem früher fetzige Rhythmen die Mauern vibrieren ließen. Zwiefacher, saure Bratwürste und Obatzda haben quasi das Erbe von Asbach-Cola, Discofox und Dreher angetreten. Das Bier zum neuen Mix liefert die Privatbrauerei „Wolframstub'n" aus Windischeschenbach.

Früher gingen junge Leute zum Tanzen zum Heigl. Heute wird auf dem Anwesen Zoigl ausgeschenkt. Wie sich die Zeiten ändern.

Weidens Oberbürgermeister Kurt Seggewiß (Mitte) zapfte bei der Eröffnung der Zoiglstube „Glöckerlbauer" in der Schustermoosloh das erste Fass an. Links Wirtin Bruni Bergler.

Rabattaktion beim „Stodtmüllner-Röis"

Dunkler Zoigl konnte vor allem in früheren Jahrzehnten bisweilen tückisch sein. Diese Erfahrung machten nach dem Krieg einige Bewohner von Neustadt a. d. Waldnaab. Beim Andreas Lohwasser, den alle nur „Stodtmüllner-Röis" nannten, gab es in den Nachkriegsjahren eines Tages nicht den gewohnten hellen, sondern dunklen Zoigl. Da dem Oberpfälzer nachgesagt wird, dass er nicht isst und nicht trinkt, was er nicht kennt, setzte der Röis vorsichtshalber den Preis für die Halbe um zehn Pfennige herab.

Die „Rabattaktion" – vielleicht die erste der Neustädter Nachkriegsgeschichte – verfehlte ihre Wirkung nicht. Der dunkle Haustrunk erwies sich als unheimlich süffig und floss schon bald in Strömen. Die Gäste stimmten bereits ein Loblied auf die Braukünste des „Stodtmüllners" an, bis etwas Unvorhergesehenes passierte. Ein Gast sprang auf und stürmte zur Toilette. Kurz danach der zweite und der dritte. Weitere folgten. Viele schafften es nicht mehr, das rettende Örtchen zu erreichen. Vielleicht konnten sie auch nur wegen Überfüllung nicht hinein. Schon bald zeigte sich, dass der Grund für den „kollektiven Durchmarsch" im neuen Haustrunk zu suchen war. Der dunkle Zoigl hatte nämlich eine Vorgeschichte. Dem Lohwasser war das Malz in der Sudpfanne angebrannt. Wegwerfen kam damals natürlich nicht in Frage. Also machte man aus der Not eine Tugend und braute dunkles Bier. Was die Neustädter Bierspezialisten nicht bedacht hatten: Das angebrannte Malz löste einen unheimlichen Treibeffekt im Körper aus, dem selbst stämmige Gäste nicht gewachsen waren.

Eine Million für einen Leberkäs

Die Halbe Zoigl kostet derzeit bei den echten Kommunbrauern zwischen 1,60 und 1,80 Euro. Einer schenkt die Halbe sogar noch für 1,50 Euro aus! Brotzeiten gibt es ab rund zwei Euro. Für einen Brotzeitteller werden meist zwischen 3,50 und 4,50 Euro verlangt. Nicht immer waren die Speisen und Getränke so günstig. Zur Inflationszeit musste man allein für eine Portion Leberkäs eine Million Reichsmark hinblättern – von wegen gute alte Zeit!

Bierwirtscha
Luise Glässel.
Brotzeit
Waldsassen

Wie Nikolaus den Zoigl brachte

Neue Bierseligkeit im Stiftland

Dass man mit Verhandlungsgeschick und Erfindergeist auch ohne gemeinschaftliches Brauhaus die Zoigltradition pflegen kann, stellt der **„Dameradl"** in Waldershof unter Beweis. Dreimal im Jahr gibt es seit 1993 bei den Kaisers selbst vergorenes Bier. Wenn der Stern draußen hängt, ist mächtig was los am Markt 66. Die Würze stammt aus dem Kommunbrauhaus in Mitterteich. Im Hauskeller der Kaisers macht die Hefe daraus Zoiglbier. Die Familie schenkt nur im Mai und August selbst aus, weil wegen einer fehlenden Stube die Gäste im Zelt, in der Scheune oder unter freiem Himmel sitzen. Den dritten Sud, der im Winter heranreift, können Bierliebhaber in großen Zweiliterflaschen oder eigenen Gefäßen abholen.

Beim Zoiglzeiger der Stube „Zum Boderfuchs" in Tirschenreuth thront nach alter Tradition ein Bierkrug im Stern.

Einmal im Jahr kehrt in der alten Bierwirtschaft von Luise Gläßel aus Hardeck wieder Leben ein. Wenn in der Museumsnacht Albert Schneider (rechts) den Zoigl aus Mitterteich ausschenkt, ist das Waldsassener Original Alois Bergauer (links) nicht weit.

Die Zoiglbegeisterung hat Sohn Toni von seinem Vater geerbt. Der „Dameradl" Anton Kaiser war der letzte Waldershofer Kommunbraumeister. Zusammen mit Ehefrau Gabi und Tochter Stephanie führt Anton Kaiser junior die Familientradition fort. Mit etwa einem halben Dutzend riesiger Holzfässer ging es los. Für das Trio war es eine Riesengaudi, als die hölzernen Ungetüme beim Auspichen über die Wiese rumpelten. Die Fässer sind mittlerweile durch moderne

Toni Kaiser hat für die Nachgärung in seinem Keller in Waldershof fünf moderne Edelstahltanks. Darin reifen dreimal im Jahr jeweils fünfundvierzig Hektoliter Zoigl heran. Die Würze für die Hausgärung lässt er im Mitterteicher Kommunbrauhaus kochen.

Gär- und Lagerbottiche im Keller ersetzt worden. Von dort fließt der Zoigl direkt zur überdachten Schankanlage am Haus. Eines der großen, alten Fässer erinnert im gepflasterten Hof an den Neubeginn. Daneben sind Bilder vom Auspichen zu sehen. Das andere Wahrzeichen der „Stube" ist ein von vier weißen Rössern gezogener Festwagen mit Bierfässern. „Das war unser Beitrag zum Heimatfest im Jahr 2000. Normalerweise ist dieser Wagen beim Zug zum Oktoberfest in München im Einsatz", verrät Gabi Kaiser. Die Leute waren davon so begeistert, dass ihr Mann Toni den Wagen auch auf die Papperln für die Bierflaschen drucken ließ, zusammen mit der Jahreszahl 1463. So lange reicht die Biertradition der Familie schon zurück. Sie ist damit wesentlich älter als das Oktoberfest, das erst 1810 durch ein Pferderennen begründet worden ist.

Ein Nikolaus brachte seinerzeit den Zoigl nach Waldershof. Nein, nicht der mit dem Bischofsstab und dem Knecht Ruprecht, sondern Abt Nikolaus IV. vom Kloster Waldsassen. Er erteilte den Bürgern mit den Marktrechten 1463 das Bierprivileg. Das letzte Kommunbrauhaus stand am Stadelweiher und wurde 1872 eingeweiht. Damals gab es in Waldershof hundertneunundsiebzig brauberechtigte Bürger. Bis 1906 machten sie aus dem Weiherwasser Bier. Der Teich befand sich dort, wo heute das Feuerwehrhaus steht. 1950 brauten noch sechzehn Anwesen Gerstensaft. Im Jahre 1960 gab es noch sieben Zoiglwirte: die Stuben „Dameradl" (Familie Kaiser), „Eugene" (Familie Wegmann), „Nandltoni" (Ludwig Schaller), „Schallernatz" (Familie Schaller), „Stichtn" (Hans Schaller), „Weberklein" (Alfons Pöllmann), „Spitoler" (Otto Lang) und „Winkelbeck" (Alfons Rubenbauer). Der „Dameradl" und der „Winkelbeck" hielten bis in die 80er Jahre durch. 1985 versiegten auch dort die Zapfhähne.

Anton Kaiser ging als letzter Bräu von Waldershof in die Annalen ein. Ihm blutete das Herz, als das Feuer unter der Sudpfanne er-

Das Waldershofer Kommunbrauhaus wird nur mehr gastronomisch genutzt

Die Familie Neumann feierte Anfang des Jahres 2013 mit Bürgermeister Hubert Kellner (rechts) die Eröffnung der Zoiglstube im Brauhaus Waldershof. Von links Günter, Liliane, Oliver und Theresa Neumann. Vorne die Kinder Lilja, Lorenz und Ida.

losch. Bis zuletzt versuchte er, die Einrichtung zu retten. Doch die Technik war veraltet und das Gebäude in einem so schlechten Zustand, dass es ohne Investitionen nicht mehr betrieben werden konnte. Das Kommunbrauhaus steht noch. Es wurde verkauft und zur Erlebnisgaststätte **„Brauhaus"** umfunktioniert. Jahrelang haben dort Carsten und Tamara Linke als Pächter im vierzehntägigen Turnus an der Walbenreuther Straße 4 Zoigl aus Mitterteich ausgeschenkt. Die restliche Zeit gab es den Brauerei-Zoigl von der nahen Marktredwitzer Privatbrauerei Nothhaft. Anfang des Jahres 2013 ist eine richtige Zoiglstube daraus geworden. Der aus Windischeschenbach stammende Wahl-Waldershofer Oliver Neumann bezieht sein Bier vom „Posterer" aus Windischeschenbach. Wer Nostalgie mag, kann mit Blick auf den Sudkessel, die alte Holzfeuerung und die Würzepfanne in der etwa hundertzwanzig Plätze zählenden Gastwirtschaft an der Braustraße beim Kommunbraubier in Erinnerungen schwelgen. Die Stube soll zudem regelmäßig Schauplatz kultureller Veranstaltungen sein. Auch die **„Zoiglstube Schwarzer Ritter"** der Friedenfelser Schlossbrauerei am Markt 9 ist ein Relikt des Kommunbrauwesens. Dort schenkte der „Spitoler" aus.

Aus Lengenfeld bei Waldershof kam die einzige fahrbare Zoiglbrauerei der Welt, die vor einigen Jahren für Schlagzeilen in der Region sorgt. Gerhard Kaiser, Wolfgang Gradewald, Robert Helm und Reinhard Schultes hatten ein kleines Sudhaus gebaut und auf Räder montiert. Mit dem „Brauknecht" machten sie nicht nur auf der Waldershofer „Schlemmermeile" live Bier, sondern gingen als „Bierbotschafter" auch auf Tour, um zu zeigen, was hinter Begriffen wie Maische, Läuterung und Anschwänzen steckt. Sie hatten auch einen „Hammersud" mit sechsundzwanzig Prozent Stammwürze an Bord.

Eine Bereicherung der Zoiglszene im Stiftland ist der 2005 eröffnete **„Boderfuchs"** von Bernhard Bäuml in Tirschenreuth. Der Name des liebevoll restaurierten Hauses aus dem Jahr 1806, das vom Stadtplatz aus im Nu zu erreichen ist, rührt von einem ehemaligen Bewohner her. Dort, in der Hospitalstraße 5, lebte im 19. Jahrhundert der „Boder" Dr. Joseph Fuchs. Und der hätte mit Sicherheit seine helle Freude an der neuen Nutzung des Hauses. Schließlich halten Bier und Geselligkeit Leib und Seele zusammen, und der Hopfen ist seit Jahrhunderten als Naturheilmittel anerkannt.

Schon im 12. Jahrhundert empfahl Hildegard von Bingen, die auch selbst Bier gebraut hat, Hopfengetränke als Mittel gegen Fäulnisse. Später wurden die Stoffe der Pflanze auch noch als beruhigend, harntreibend, Leber und Blut reinigend, verdauungsfördernd, appetitanregend sowie gegen Fieber und Milzbeschwerden empfohlen.

Der Zoigl passt also zu einem „Boder". In nur einem halben Jahr Bauzeit wurde aus dem zuletzt fast dreißig Jahre verwaisten Haus eine urgemütliche Brotzeitwirtschaft. Etwa sechzig Gäste haben auf jeder der zwei Etagen Platz. Auf der Speisekarte stehen zum Zoigl „was Warms" und „was Kalts". Fotos an den Wänden künden von der Geschichte des Gebäudes und dem Umbau. Heiß begehrt sind übrigens die Zoigltaler, die der Wirt statt der üblichen Gutscheine ausgibt.

Im gleichen Jahr wie der „Boderfuchs" hat in der Kreisstadt noch eine Zoiglwirtschaft eröffnet. In der Bahnhofstraße 27 lädt der Landwirt Johann Gmeiner regelmäßig zum Zoigl ein. Da die Stube nur ein schmaler Weg vom Postamt trennt, nannte Gmeiner sein Lokal **„Postgassl"**. Die Stube hat einen Hauch von Hofbräuhaus. Die Einrichtung stammt nämlich zum Großteil aus der berühmten „Schwemm" in München. Als die Gmeiners auf der Suche nach neuem Inventar für das einstige Konditorei-Café Pfaff waren, lief ihnen ein Handwerker über den Weg, der neue Tische und Bänke für das Hofbrauhäus zimmern und die alten entsorgen sollte. Den Rest kann sich jeder denken.

In der Tirschenreuther „Schwemm" haben nur rund fünfunddreißig Gäste Platz. Die Herkunft des Zoigls ist im „Postgassl" übrigens ein gut gehütetes Geheimnis, das die Wirtsleute partout nicht lüften wollen.

Brauhaus knapp Abriss entgangen

In Bärnau wurde zur Wiederbelebung der Tradition eine moderne Gesellschaft bürgerlichen Rechts aus der Taufe gehoben. Maria Gleißner, Albert Konrad, Thomas Schwägerl und Eduard Weiss sorgten damit jahrelang für eine Wiederbelebung der Biertradition im Knopf-Städtchen. Die Zoigl-Gesellschafter hatten den Gewölberaum des Gasthofs **„Zur Post"** gepachtet und dort die Zeiger der Zeit mit einem rustikalen Lärchenboden, neu abgeschliffenen Tischen und gebeizten Stühlen um Jahrzehnte zurückgestellt. Die rund fünfundsechzig Plätze zählende Wirtschaft hatten die Biergesellschafter einer Hutza- oder Roggenstube der Nachkriegszeit nachempfunden. Das Geschäft brummte. Ausgeschenkt wurde Kommunbrauzoigl aus Mitterteich. Autor Bernhard Setzwein fühlte sich bei einer Einkehr durch den Bierschaum gar in ein Paralleluniversum versetzt. Dies schrieb er zumindest danach in einer Glosse über die denkwürdige Nacht in Bärnau. Nach dem Verkauf des Gasthofs kam das Aus für dieses Konzept. Die Zoiglstube wird nun vom Hotel-Gasthof selbst betrieben.

Das etwa viertausend Einwohner zählende Bärnau genoss als Station an der historischen „Goldenen Straße" von Nürnberg nach Prag besondere Vergünstigungen. Schon seit 1343 hat der Ort die Stadtrechte. Viele prominente Reisende passierten im Laufe der Jahrhunderte den Ort, darunter Jan Hus auf dem Weg zum Konzil nach Konstanz. Der Reformator nächtigte sogar im Ort. Bewirtet wurde er 1414 übrigens nicht mit einem Humpen Bier, sondern mit einem Krug Wein. Kaiser Karl IV. soll die Straße sogar zweiundfünfzig Mal selbst bereist haben.

Die Zoiglbegeisterung hatte in Bärnau zur Gründung einer Gesellschaft bürgerlichen Rechts geführt. Sinn und Zweck war die Bewirtschaftung einer Zoiglstube im Gasthof „Zur Post". Mit dem Verkauf und der Sanierung des Gasthofs kam 2012 das Aus, da sich keine geeignete neue Lokalität finden ließ.

Das alte Kommunbrauhaus des Städtchens ist nur knapp dem Abriss entgangen. Es war schon beschlossene Sache, das damals marode Bauwerk dem Erdboden gleichzumachen, als der Stadtrat eine neue Verwendung für das Haus fand. Es dampft dort keine Bierwürze mehr, sondern Knöpfe funkeln im Kunstlicht der Strahler. Das Gebäude, das nach einem verheerenden Stadtbrand Mitte des 19. Jahrhunderts errichtet worden ist, beherbergt seit 1998 das Deutsche Knopfmuseum, das aus einer weltweit einzigartigen Sammlung von Verschlüssen aller Art besteht. Vermutlich hat 1942, also während des Zweiten Weltkriegs, der letzte Sud dieses Brauhaus verlassen.

Ungemein geschichtsträchtig ist auch die Zoiglwirtschaft **„Stefflwirt"** in Wiesau. Schon vor Jahrhunderten taucht das Gasthaus in Aufzeichnungen auf. Früher gerieten sich die Besitzer und die Kommunbrauer immer wieder in die Haare, wenn es um den Bierausschank ging. Heute sind beide vom Zoigl begeistert. Seit 2005 bewirtschaften die Summers die ehemalige Brauereigaststätte am Kirchplatz 7 wieder selbst. Sie öffnen nur alle paar Wochen zum Zoigl.

Das Bier liefert eine Brauerei, die Brotzeiten kommen aus der hauseigenen Metzgerei. Wer alte Gaststuben mag, wird sich in die rund sechzig Plätze zählende Stube von Hans und Odett Summer, zu der auch ein Biergarten gehört, verlieben. Unter der dunklen, rustikalen Holzdecke verbreitet im Winter ein Kachelofen wohlige Wärme. Alte Fotos an den Wänden erzählen von der stolzen Tradition des Hauses. Wenn es in der Stube zu eng wird, wird auch der Schützenraum geöffnet, in dem noch einmal rund vierzig Personen Platz haben.

1465 ist der „Stefflwirt" erstmals in einer Urkunde erwähnt. Da es sich bei dem Dokument um einen Verkauf des Wirtshauses handelt, ist die Gaststätte mit Sicherheit noch viel älter. Der Besitzer hatte damals als einziger Privatmann im Stiftland das Braurecht und durfte auch Schnaps brennen.

Bürgerliche Bierrechtler versuchten immer wieder, ihm das Braurecht streitig zu machen oder es zumindest stark einzuschränken, vergeblich. In den 50er Jahren des vergangenen Jahrhunderts gab die Familie aus wirtschaftlichen Gründen das Biersieden selbst auf.

Urgemütlich ist es auch in der Zoiglstube in **Letten** bei Reuth. Bei der Familie Höcht an der Bergstraße 19 ist jede Woche drei Tage lang Ausschank. Die Höchts haben 1993 ein großes Grundstück am Dorfrand erworben, auf dem ein seit drei Jahrzehnten verwaistes Bauernhaus aus dem 19. Jahrhundert auf den Abbruch wartete. „Das Gebäude spielte in unseren Überlegungen anfangs überhaupt keine Rolle", erzählt Alfons Höcht junior, der hauptberuflich Immobilienmakler ist. Doch irgendwann reifte der Entschluss, das idyllisch neben einer Wiese mit alten Obstbäumen gelegene Haus mit eigenem Brunnen wieder herzurichten und darin eine Zoiglstube zu eröffnen. Seit 2001 schaukelt der Bierstern aus Metall neben den naturbelassenen Holzfensterläden über dem ausgetretenen Granitpflaster im Wind.

Unter der nachträglich eingezogenen Zwischendecke kamen bei der Renovierung wunderschöne alte Balken zum Vorschein. Ein Ofenbauer reparierte den historischen Kachelofen, der früher im Schulhaus Premenreuth gestanden war. Und sogar der integrierte Backofen, an dem die Jahreszahl 1880 eingemeißelt ist, kann zu ganz besonderen Anlässen wieder angeschürt werden. Dann zieht oft der Duft von knusprigen Schweinshaxen und Rollbraten durch das Haus. Jede Menge Zoigltradition steckt im Mobiliar. Die Tische hat Alfons Höcht aus Dachbalken des ehemaligen Kommunbrauhauses in Kemnath, das er ebenfalls mitbesitzt, zimmern lassen. Nur ein Vorhaben platzte. Eigentlich wollte Alfons Höcht senior die rund vierzig Plätze zählende Wirtschaft als Rentnerhobby betreiben. „Doch die Stube kam so gut an, dass dem Ruheständler der Ausschank bald zu stressig wurde. Er mischt sich lieber unter die Gäste und überlässt die Arbeit am Zapfhahn und in der Küche seinem Sohn und den Enkeltöchtern. Bei passender Witterung verwandelt sich der Platz rund um den Brunnen in eine romantische Biergartenidylle.

Kommunbrauhaus nun Zoiglwirtschaft

Alfons Höcht junior ist auch mitverantwortlich, dass der Zoigl nach Kemnath zurückgekehrt ist. Er betreibt zusammen mit dem Planer Günther Lenk die Zoiglwirtschaft **Kommunbrauhaus**. Das historische Gebäude hinter dem Amtsgericht war fast eine Ruine, als Günther Lenk und Alfons Höcht 1995 das Baudenkmal kauften und sanierten. Die Arbeiten brachten viele Überraschungen.
So stellten die Bauherren fest, dass in eine Wand des Hauses Teile der alten Stadtmauer integriert sind. „Die Fundamente sind dort teilweise fünf Meter breit", staunt Höcht. Aus einem Teil des Hauses machten die beiden Besitzer Eigentumswohnungen und Büros. Der Raum, in dem früher die Bierkessel dampften, wurde zu einer ungewöhnlichen Zoiglwirtschaft. Die Raumaufteilung haben die beiden Wirte kaum geändert, damit der hallenartige Aufbau des einstigen Sudhauses erhalten blieb. Ursprünglich war geplant, das Wirtshaus an eine Brauerei zu verpachten. „Doch die waren von den Plänen nicht begeistert und hatten viele Sonderwünsche, die unsere finanziellen Möglichkeiten überstiegen", erzählt Alfons Höcht junior. Also betreiben die beiden Besitzer die Zoiglwirtschaft selbst. Funktionalität, Ideen-

reichtum und Gemütlichkeit gehen eine eigenartige Verbindung ein. Auf zwei Etagen wird alle paar Wochen zu Brotzeiten und wechselnden warmen Gerichten Zoigl aus einer Windischeschenbacher Kleinbrauerei serviert.

Leider ist von der alten Brauereieinrichtung nichts mehr zu sehen. Ach ja, lassen Sie sich nicht täuschen: Der kleine, bestrahlte Zoiglstern hängt immer vor dem Haus. Wenn gerade Ausschank ist, dann dreht sich zusätzlich ein großes, blauweißes Bayernbanner vor dem Sandsteindenkmal im Wind.

Gleich um die Ecke gibt es am Stadtplatz seit 2008 noch eine weitere Zoiglstube. Dort ist nicht nur der Gast, sondern auch der Wirt König. Die Stube **„Houderer"** gehört nämlich Richard König. In seinem Reich im Stadtplatzhaus Nummer 17 haben gerade einmal fünfundzwanzig Gäste Platz. „Damit habe ich wahrscheinlich die kleinste Zoiglstube der Welt", strahlt der bärtige Wirt, den alle nur „Cheesy" nennen. Er hat den Zoigl zum Beruf gemacht, weil er einfach das gute Gefühl mag, mit dem die Gäste aus diesen Wirtschaften heimgehen.

„Früher war im Haus ein kleiner Kramerladen, und davor hatte ein Hutmacher hier seine Werkstatt", wissen die Kemnather. Nach dem Hutmacher hat der „Zoigl-König" seine Kneipe benannt. Das Bier gibt es in Tonkrügen, die „Cheesy" aus allen Regionen Deutschlands zusammenträgt. Wer Glück hat, darf den Zoigl aus einem Krug mit einer historischen Kemnather Stadtplatzansicht um die Jahrhundertwende trinken. Darauf ist auch das Hutmacherhaus mit Zoiglstern zu sehen. Zu den deftigen bayerischen Brotzeiten dröhnt durchaus schon mal Rock- und Soulmusik aus den Boxen. Und im Sommer können die Gäste vor dem Haus am wunderschönen Stadtplatz im Freien sitzen.

Auch vor dem Stammhaus der Familie Ponnath in Kemnath hing einst ein Zoiglstern. Wann dort, beim „Kohlerdoni", der Ausschank eingestellt wurde, ist nicht bekannt. Das Bild dürfte um 1930 entstanden sein.

Ein Ölgemälde von Hans Zapf zeigt im Stiftlandmuseum die heutige Kolpingstraße um das Jahr 1920. Links und rechts hängen Zoiglsterne aus dem Haus.

Zoigl kehrt nach Waldsassen zurück

Eine Windischeschenbacherin ist dafür verantwortlich, dass 2006 der Zoigl nach Waldsassen zurückgekehrt ist. Die gelernte Sozialpflegerin Claudia Kopp pachtete die alte Schenke der früheren Brauerei Plommer und machte daraus die urige Schankstube **„Zum Sprea`n"**, die mittlerweile von Thomas Tomala geführt wird. Rund siebzig Plätze gibt es in der Stube. Im Sommer kommen bis zu hundert Freisitze im Innenhof des alten Brauereianwesens hinzu. Neben den üblichen Brotzeiten werden auch warme Gerichte wie Surbraten oder Rippchen mit Kraut angeboten. Der hölzerne „Zeigl" mit Bierfass stammt aus dem Waldsassener Museumsbestand.

Seit Sommer 2012 bereichert die Stube **„Zoigl am Eck"** in der Klosterstadt das Bierkarussell. Im vierzehntägigen Rhythmus gibt es dort zum Kommunbraubier vom „Posterer" aus Windischeschenbach deftige Brotzeiten und wechselnde warme Gerichte. Die Mitterteicherinnen Alexandra Hoyer und Daniela Hilgarth haben drei Jahre in ihrer Heimatstadt eine passende Wirtschaft für den Zoiglausschank gesucht, bis sie auf die leer stehende ehemalige Brauereigaststätte in der Klosterstadt stießen und hier ihren Traum verwirklichten.

Für Leute, die sich für Oberpfälzer Brauchtum interessieren, ist ein Besuch im Stiftlandmuseum geradezu ein Muss. Auf vier Etagen gibt es über fünfzig Abteilungen zu bestaunen. Darunter ist die originale Einrichtung der früheren Zoiglstube von Luise Gläßel aus Hardeck. Das Inventar stammt vermutlich vom Ende des 19. Jahrhunderts. Bis nach dem Ersten Weltkrieg ist die Stube so bewirtschaftet worden. Einmal im Jahr, zur Museumsnacht, erwacht die Schenke wieder zum Leben. Dann werden dort Mitterteicher Kommunbier gezapft und Oberpfälzer Brotzeiten serviert.

Die Bürger nutzten in Waldsassen zeitweise das 1731 unter Abt Eugenius errichtete Klosterbrauhaus zum Würzekochen. Das marode Denkmal befindet sich neben dem Kloster und soll zum Krippenmuseum umgebaut werden. Es ist geplant, dort die Sammlung der früheren stellvertretenden Ministerpräsidentin und Justizministerin Dr. Mathilde Berghofer-Weichner auszustellen. Wer in Waldsassen ist, darf natürlich keinesfalls den Besuch der mächtigen Basilika versäumen. Die von 1682 bis 1704 errichtete Kirche ist eines der bedeutendsten barocken Gotteshäuser Bayerns mit herrlichen Fresken und Gemälden.

Die alte Gruft unter der Waldsassener Basilika wurde nach der Säkularisation zeitweise als Zoiglbierkeller zweckentfremdet. Die Nutzung gaben die Bürger aber schnell wieder auf.

Ob Sie es glauben oder nicht: In der Gruft unter der Kirche war zeitweise Zoigl eingelagert. Nach der Säkularisation durften unter der Klosterkirche keine verstorbenen Ordensmänner mehr beigesetzt werden. Die mit rund neunhundert Quadratmetern größte Kirchengruft Deutschlands wurde deshalb 1816 in fünf Bier- und Lagerkeller unterteilt und an das Pfarramt sowie an Waldsassener Bürger verpachtet. Doch bewährt hat sich dies nicht. Vierzig Jahre später gaben die Bürger die Keller wieder auf, nicht zuletzt deshalb, weil durch die Nutzung Schäden an der prächtigen Kirche befürchtet wurden. Das Kultur- und Begegnungszentrum der Abtei hat die Biertradition unlängst auch mit einem Brauseminar aufleben lassen. Die Teilnehmer waren nach sechs Wochen mächtig stolz auf achtzig Liter selbst hergestellten Zoigl.

Im Jahr 2006 kehrte der Zoigl mit der Eröffnung der Stube „Sprea'n" wieder zurück nach Waldsassen. Mittlerweile gibt es mit „Zoigl am Eck" eine weitere derartige Wirtschaft.

Das „Roidl"-Haus ist ein wunderschöner alter Egerer Fachwerkbau.

Auch ein Ausflug zum Grenzlandturm Neualbenreuth lässt sich gut mit einer Zoigleinkehr verbinden. Metzger Karl Schöner und seine Ehefrau Ute schenken in ihrem früheren Gasthaus seit 2008 alle vier Wochen Bier des Mitterteicher Kommunbrauers Wilhelm Oppl aus. Dazu gibt es beim **„Roidl"** saure Bratwürste, Tellersulzn, Leberkäs, Haxn und andere Brotzeiten aus eigener Schlachtung. Der Renner ist Rindertatar mit Butter, die besondere Spezialität des Hauses. Wer beim „Roidl" einkehren will, muss sich sputen. In der urgemütlichen Stube am Ende der elf Granitstufen haben nur etwa fünfzig Gäste Platz. Die Wirtschaft drinnen sieht noch so aus wie Mitte der 70er Jahre, als das Gasthaus die Pforten schloss, mit umlaufender Eckbank, geblümten Sitzkisten und geblümten Vorhängen, Herrgottswinkel und mächtiger, mit brauner Farbe überstrichener Balkendecke. Bei schönem Wetter ist auch der Innenhof des alten Eger-Fachwerkstil-Vierseithofs bewirtschaftet.

Bierfans wechseln wegen des Zoigls bisweilen auch über die Grenze nach Oberfranken. In Marktredwitz gibt es seit 2006 im Herzen der Stadt ein uriges Lokal mit „Eschawecka" Gerstensaft. Die Wirtschaft **„Zoigl beim Alten Rathaus"** von Rainer Fleißner am Markt 23 fasst etwa siebzig Gäste. Ein Besuch lässt sich gut mit einem kleinen Einkaufsbummel in der Innenstadt verbinden. Bei schönem Wetter sitzen die meisten Gäste direkt unter dem Stern auf den Stühlen und Bänken vor dem Altstadthaus. Sie lauschen beim Zoigl dem beruhigenden Plätschern des Marktbrunnens und sehen anderen beim Flanieren zu.

Die „Rawetzer" Zoiglwirtschaft mit Jagdtrophäen und flotten Zoiglsprüchen an den Wänden sowie Instrumenten in den Nischen hat mittlerweile Kultcharakter. Ab und zu finden dort auch Konzerte statt. Mit der Krachledernen bedient der aus Waldsassen stammende Rainer Fleißner mit Petra Heinrich aus Großensterz bei Mitterteich die Gäste. Auf der Speisekarte stehen neben Brotzeiten auch ausgefallene Gerichte wie Speckknödel. In Marktredwitz geht man übrigens sonntags nie zum Zoigl. Die Schankwochen beginnen montags und enden samstags. Jede zweite Woche ist das Lokal beim Alten Rathaus geöffnet. Der Wirt hat damit aber nicht automatisch jede zweite Woche frei. Dann arbeitet er nämlich in seinem erlernten Handwerksberuf als Schreiner.

Eine Zoiglwirtschaft, die in Scharen Fahrradfahrer und Biker anlockt, ist ein paar Kilometer weiter der **„Reiserbesen"** in Kronau (Gemeinde Pullenreuth). Die Schankstelle liegt zwischen Erbendorf und Neusorg am gut

Die Stube „Reiserbesen" liegt direkt am Fichtelnaabradweg zwischen Erbendorf und Neusorg. Der idyllische Biergarten ist auch ein Zoigl-Geheimtipp unter Motorradfahrern.

ausgebauten, romantischen Fichelnaab-Radweg. Die aus Windischeschenbach stammende Rechtsanwältin Erika Steger erwarb vor einigen Jahren das alte Dorfwirtshaus und fing damit an, im Sommer unter den stämmigen, knorrigen Laubbäumen im Biergarten Zoigl aus ihrer Heimatstadt auszuschenken. Die fünfzig Plätze reichten oft nicht aus, deshalb baute Steger die Scheune aus. Seitdem gibt es beim „Reiserbesen" auch in der kalten Jahreszeit Zoigl und Brotzeiten. Besondere Attraktionen sind geräucherte Forellen sowie am Nachmittag hausgemachte Kuchen zum Kaffee.

„Beim Meislbeck" auf Schillers Spuren

Eine der jüngsten Zoiglstuben im Landkreis Tirschenreuth befindet sich in Erbendorf in der Bräugasse 20. Die Eheleute Horst und Rosmarie Kölbl haben mit den Kindern Christian, Matthias und Martina in „Andorf" der Tradition wieder Leben eingehaucht. In der Straße, in der früher auch Malz- und Kommunbrauhaus des Steinwald-Städtchens standen, eröffneten sie zur Neunhundert-Jahr-Feier von Erbendorf im Juli 2009 ihr Lokal.

Mit viel Aufwand haben die Kölbls im Gebäude die Zeit um Jahrzehnte zurückgedreht. Sie haben Zwischendecken entfernt, Balken freigelegt, alte Türen eingebaut und machten aus dem zuletzt leer stehenden Haus der Schwiegereltern die liebevoll eingerichtete Brotzeitwirtschaft **„Beim Meislbeck"**. Dort, wo der kleine Bäckerladen und die gute Stube der Familie Meisl waren, schäumt nun Bier aus einem Mitterteicher Brauhaus in die mit roten Zoiglsternen verzierten Krüge.

Der Erbendorfer Gregor Schraml (hinten) macht aus Zoigl Schnaps. Auch Bruder Martin und Seniorchef Alois Schraml (von links) überzeugen sich im Felsenkeller unter der Alten Propstei von der Qualität des Zoiglbrands, den sich das Unternehmen schützen ließ.

Wenn die alten Mauern und die historischen Deckenbalken sprechen könnten, hätten sie viel zu erzählen. In jenem Haus, das nach einem Brand um 1800 neu aufgebaut worden ist, wohnten Ahnen Friedrich Schillers. Benannt ist die Stube nach dem Bäcker und Konditormeister Sepp Meisl, von dem übrigens auch die Rezepte für die selbst gebackenen Mohnspitzln, die es bei jedem Zoigl gibt, stammen. Bilder an den Wänden der rustikalen Wirtschaft künden vom fleißigen „Beck" und Landwirt, der vor der Übernahme des Geschäfts in großen Bäckereien wie dem Münchner „Platzl" gearbeitet hatte. Bei passender Witterung kann man bei Bier und Brotzeit im mit Granitsteinen gepflasterten Hof unter dem hölzernen Bierstern sitzen. Gleich daneben liegt die frühere **Banruckerschmiede**, die der Stadt gehört. In der im Originalzustand erhaltenen Werkstatt veranstalten ab und zu das Rathaus und Vereine Zoiglabende. Regelmäßig geöffnet ist sie beim Bürgerfest am dritten Samstag im Juli. In Erbendorf gibt es den Zoigl auch viel hochprozentiger. Die Steinwälder Hausbrennerei Schraml macht aus Zoigl Schnaps. Der vierzigprozentige, kernige Klare mit dem unverwechselbaren altbayerischen Bieraroma ist 2008 bei den „World Spirits Awards" in Klagenfurt mit Silber und beim Internationalen Spirituosen-Wettbewerb in Neustadt an der Weinstraße mit Gold prämiert worden. Die Familie, die seit 1818 in sechster Generation Brände aus den Früchten der felsigen und waldreichen Nordoberpfalz herstellt, knüpft mit diesem ungewöhnlichen Produkt an die Tradition an, als Erbendorf noch ein Kommunbrauhaus hatte und beim „Zierderbeckn"-Anwesen am Kaiserberg 16 echter Zoigl ausgeschenkt wurde. Nach dem Ersten Weltkrieg ging diese Tradition zu Ende. Für Gruppen gibt es neben Führungen eine Schaudestillation in der Alten Propstei.

Künstlerstube beim „Rechensimer"

Dass die Zoiglstube **„Rechensimer"** der Familie Käß in Röthenbach bei Reuth 2011 so einschlagen würde, hatte kaum einer gedacht. Am allerwenigsten Maria und Hans Käß selbst. Schon bald nach der Eröffnung ihrer zur Gaststube umgebauten ehemaligen Stallung folgte Stube Nummer zwei. Und dabei wurde nicht gekleckert, sondern geklotzt. Mit Erwin Otte kam ein namhafter Künstler auf den Hof, der sich ein pfiffiges Konzept für die Erweiterung ausdachte. Clou und Blickfang der mit alten Balken ausgestalteten großen Schankstube sind die Flaschenleuchter an der Decke und an den Wänden, die für eine einzigartige Beleuchtung sorgen. Natürlich ist unter den Utensilien auf einer umlaufenden Brüstung neben dem alten Butterfass des Hofes und einem Kruzifix mit Porzellan-Korpus auch ein Holzrechen.

Immer wenn Zoigl ist, wird der neu gebaute Backofen im Hof angeschürt, der die knusprigen Sauerteigbrote zu den deftigen Brotzeiten liefert. Nicht abschließend geklärt ist übrigens, woher der Hausname „Rechensimer" herrührt. Vielleicht steckt ein Rechenmacher namens Simon dahinter, vielleicht war aber auch einer der Ahnen Feldgeschworener. Die werden nämlich wegen des Siebener-Geheimnisses, das sie hüten, hier auch „Siemer" genannt. Theorien, über die sich beim Zoigl trefflich diskutieren lässt.

Schon allein wegen der von Erwin Otte kreierten Flaschenleuchter ist der „Rechensimer" in Röthenbach am Steinwald einen Besuch wert.

Zoigl-Knigge für Anfänger

Der Oberpfälzer ist nicht überschwänglich in seiner Wortwahl. Dies schlägt sich auch beim Zoigl nieder. Lobeshymnen auf Brotzeiten oder Bier sind ungebräuchlich. Getreu dem alten Spruch „Niad gschimpft, is globt gnou" (Nicht geschimpft, ist genug gelobt) ist man auch hier eher zurückhaltend.

„Hod's passt?" oder „Woa's recht?" Das frägt die Bedienung oder der Wirt meist beim Abräumen der leeren Teller. Wenn Bier und Brotzeit die Erwartungen erfüllt haben, reagiert der Gast in der Regel mit einem einfachen „Hod (scho) passt!" oder „Woa (scho) recht".

„Fraali" oder „Fraale". Diese Worte drücken eine geradezu überschwängliche Steigerung des dahinter folgenden Satzes aus. Waren Bier und Brotzeit außergewöhnlich gut und reichlich, sagt man „Fraale hod's passt" und „Fraale woa's recht" . . . Wer die Qualität des Bieres schon während des Aufenthalts loben will, sagt in der Regel: „Heid laaft a wieda eine."

„Habt's fei scho mal an bessan ghabt" oder „Dös habt's fei scho mal besser kinnt": Die Redewendungen drücken aus, dass das Angebot diesmal nicht ganz die Erwartungen erfüllt hat. Vorsicht: Die alte Redewendung „Aas welcher Dochrinna habt's 'n den zapft?" ist mittlerweile unüblich und gilt als Beleidigung.

„Oana göid scho nu". Dieser Satz kann zweierlei bedeuten: Entweder will der Sprecher damit ausdrücken, dass er noch einen Zoigl trinken will, oder er will sagen, dass noch ein weiterer Gast am Tisch Platz hätte. Im Zweifelsfall hilft oft ein Blick auf den Füllstand des Bierkrugs weiter.

Eine Eigenart des Oberpfälzers ist es, Vokale aneinanderzureihen und die Zahl der Konsonanten auf ein Minimum zu beschränken (Fachleute sprechen von Diphthong und Hiat). So ist der Oberpfälzer zum Beispiel in der Lage, mit nur vier Konsonanten höflich darauf hinzuweisen, dass die Bedienung vergessen hat, einen Zoigl zu servieren, indem er sagt: „Dou mou nu oana eina." Vorsicht: Zunehmender Alkoholpegel steigert die Fähigkeit, ohne Konsonanten auszukommen, was zu großen Verständigungsproblemen führen kann.

Wenn Sie sich als Nicht-Oberpfälzer outen, kann es durchaus vorkommen, dass Sie aufgefordert werden, den Spruch „Is dös woua, dass a Kroua in am Joua hintam Oua a Schöpl Houa wachsn loua ka" zu wiederholen und zu übersetzen. Manchmal lautet der Satz auch „Dou dadiada da. Dou dadiada da aa". Nun können Sie eigentlich nur noch verlieren. Am besten, Sie retten sich aus der verfahrenen Situation, indem Sie der Bedienung laut zurufen: „Die nächste Runde geht auf meine Rechnung."

Zoiglzeichen strahlt auch im Allgäu

Manch ein Oberpfälzer, der in Kaufbeuren durch die Innenstadt marschiert, reibt sich bisweilen verwundert die Augen. Dort ist doch glatt von Zeit zu Zeit ein metallenes Schankzeichen mit einem schwungvollen Z für **Zoigl** ausgeklappt. Hinter der Wirtschaft steckt nicht etwa ein Oberpfälzer „Auswanderer", sondern der Nürnberger Gernot Wildung. Der Fan alter Braukunst wurde bei einer seiner vielen Bierreisen in Neuhaus an der Pegnitz auf die Tradition aufmerksam. „Ich habe schon an die neunhundert Brauereien und alte Wirtschaften besucht, das Geschehen beim Zoigl ist aber ziemlich

einzigartig", schwärmt der gebürtige Kaufbeurer. Logisch, dass er bei seinen Bierstudien auch in fast allen Zoiglstuben der Oberpfalz zu Gast war. Der fränkische Allgäuer hängte für den Oberpfälzer Zoigl sogar seinen Beruf als Finanzmakler an den Nagel und will sich ganz der Bierpflege und -tradition widmen.

Die Bierfilze der Zoiglstube Kaufbeuren ließ Gernot Wildung anfangs in Windischeschenbach bedrucken: eine Reminiszenz an die Zoiglhauptstadt? Sein neuer Clou sind Zoigl-Wertmarken.

Seine „Zoigl-Missionsstation", die er 2002 in Kaufbeuren an der Ludwigstaße 47 eröffnet hat, brummt. Knapp sechzig Gäste haben in den zwei gemütlich eingerichteten Räumen Platz. Im Sommer kommen noch knapp zwei Dutzend Stühle vor dem Lokal dazu. Sogar Hochzeiten hat Wildung in der gut dreiundvierzigtausend Einwohner zählenden Stadt schon ausgerichtet. Anfangs schenkte er dort fränkischen Hausbräu aus der Brauerei Rittmayer aus Aisch aus. Doch mittlerweile kommt der Nachschub am Zapfhahn aus seiner eigenen Braustätte. Seine 2012 in Betrieb genommene private „Communebräuerei Kaufbeuren" befindet sich nur fünfzig Meter von der Zoiglstube entfernt im Hochzeitsschlösschen, das er erwerben konnte. Die Würze bleibt im Gegensatz zum typischen Kommunzoigl noch etwa eine Woche zur Vorgärung in der Brauerei und wird dann als Jungbier in Fässern an Bierfreunde abgegeben beziehungsweise im Keller unter der Stube eingelagert. Die Nachgärung erfolgt wie beim Zoigl im eigenen Keller. Am Schluss kommt das Bier in Europas südlichster Zoiglstube direkt aus der Nachgärung mit wenig Kohlensäure und einer Krone aus viel zartem Schaum auf den Tisch. Als besonderen Clou hat der Zoiglfan mittlerweile Zoigl-Wertmarken gedruckt, die in der Wirtschaft eingelöst werden können.

Zoigltradition aus der Frankenpfalz

Die drei Zapfer in Neuhaus/Pegnitz

Auch in Neuhaus an der Pegnitz in Mittelfranken ist der Zoigl noch zu Hause. Vier Kilometer hinter der Grenze des Regierungsbezirks Oberpfalz halten Kommunbrauer im Landkreis Nürnberger Land das Zoiglfähnchen hoch. Schon ein paar Kilometer weiter geht man statt zum Zoigl zum „Flinderer", einem „Bierkarussell", das ebenfalls auf das Kommunbrauwesen zurückgeht.

Eine Einkehr beim „Nürnberger Zoigl" lässt sich gut mit einem Ausflug in die Fränkische Schweiz verbinden. Auf dem Gebiet des Marktfleckens in der „Frankenpfalz" liegt die Maximiliangrotte, eine Tropfsteinhöhle mit wunderschönen Stalaktiten und Stalagmiten. Wahrzeichen des etwa dreitausend Einwohner zählenden Ortes Neuhaus an der Pegnitz ist die trutzige Burg Veldenstein, die schon 1008 erstmals urkundlich erwähnt worden ist. Täglich außer montags kann sie besichtigt werden. Dort oben regierten die Bamberger Fürstbischöfe, die den Bürgern das Markt- und Braurecht verliehen und das erste Brauhaus geschenkt haben. Traurige Berühmtheit erlangte die imposante Festung im Dritten Reich, als Reichsmarschall Hermann Göring die Festung erwarb und unter dem Herrenhaus einen Schutzbunker be-

Auch in der Frankenpfalz geht man zum Zoigl. Drei Wirte wechseln sich in Neuhaus an der Pegnitz mit dem Ausschank ab.

Künstler Peter Kuschel aus Etzelwang hat die Verleihung des Braurechts durch den Fürstbischof auf einer Plastik am Brunnen vor dem alten Rathaus dargestellt. Die Tatsache, dass der Bürger dem jugendlichen „Schaffer-Schorsch" ähnelt, ist nach Auskunft des Bildhauers reiner Zufall.

tonieren ließ. Seit 1950 gehört das Denkmal dem Freistaat Bayern. Die Kaiser-Bräu hat nach der Burg übrigens ihr beliebtes Landbier benannt.

Von oben hat man einen traumhaften Blick über den Markt, der ein idealer Ausgangspunkt für ausgedehnte Wanderungen in den Veldensteiner Forst und das Pegnitztal ist. Vor allem viele Nürnberger nutzen dies gerne. Schließlich bringt sie der Zug zum günstigen Nahverkehrstarif im Stundentakt in nur dreißig Minuten in dieses Wanderparadies mit den vielen zerklüfteten, hellen Kalkfelsen als Hingucker.

Der Zoigl macht Neuhaus auch zum Bierparadies. Eine Halbe kostet am Rande der Fränkischen Schweiz zwar zwei, drei Zehnerler mehr als in den meisten Zoiglstuben der Oberpfalz, doch ist der Haustrunk auch hier deutlich günstiger als der Gerstensaft in den Gastwirtschaften. Dazu gibt es fränkische Spezialitäten wie „Drei auf Kraut", „Saure Zipfla", Hirnbrot, Knöchla, Rippla und Sülze.

„Früher, nach dem Krieg, waren wir über ein Dutzend Hausbrauer", erzählt Paul Reindl, einer der letzten Kommunbrauer des Ortes, während er in seiner rustikalen Stube am Unteren Markt das Bier in die Glaskrüge schäumen lässt. Der Zapfhahn kommt selbst unter der Woche kaum zur Ruhe. Es geht immer hoch her.

Man sieht der Stube überhaupt nicht an, dass Reindl das Haus erst 1980 neu erbaut hat. Als der Junggeselle die Rindermast aufgab, riss er das alte Bauernhaus ab und fing völlig neu an. Die dunklen, kunstvoll verzierten Deckenbalken, welche die Stube durchziehen, stammen noch aus dem alten Anwesen. Von der Rückwand prostet König

Der „Hombauer" Paul Reindl ist einer von drei verbliebenen Kommunbierwirten in Neuhaus an der Pegnitz.

Gambrinus den Gästen zu, das Werk eines Kunstmalers, der gerne zum Zoigl ging.

Der Marktflecken gehört erst seit der Gebietsreform in den 70er Jahren des 20. Jahrhunderts zu Franken. Die Neuhauser waren nach der Säkularisation des Bamberger Fürstbistums 1805 der Oberpfalz zugeschlagen worden. Das kommunale Braurecht erhielten sie im 15. Jahrhundert von Fürstbischof Weigand von Redwitz. Die Verleihung des Braurechts hat Künstler Peter Kuschel aus Etzelwang mit einer Plastik auf dem Marktbrunnen vor dem alten Rathaus dargestellt. Der ins Szene gesetzte Bürger soll dem „Schaffer-Schorsch", einem der ausschenkenden Bierrechtler, ähnlich sehen, was aber nach Angaben des Künstlers reiner Zufall ist.

Wie wichtig das Braurecht für die Einwohner war, zeigt, dass die Jahreszahl der Verleihung (1470) auch unter den wichtigen Daten ist, die beim Brunnen an der Sparkasse in Glas gefasst sind. Fünfundachtzig Anwesen hatten das Bierprivileg. Daraus gingen vier Brauereien hervor, darunter die Kaiser-Bräu der Familie Laus, die als letzte 1929 gegründet worden ist. Sie hat als einzige überlebt. Mittlerweile ist das Unternehmen die größte Privatbrauerei Mittelfrankens. Zwei Mal im Jahr, wenn die „Bier-Bürger" Urlaub machen, stellt sie noch Kommune her, die der Sportverein im ehemaligen „Schalanderl", einem Brotzeitstüberl, ausschenkt. Die Neuhauser nennen dies Sportlerzoigl.

Nur noch drei Kommun-Wirtshäuser

Seit der „Trautmann" Paul Müller vor einigen Jahren den Ausschank eingestellt hat, wechseln sich nur mehr der „Hombauer" Reindl am Unteren Markt 3, der „Prunnhuber" Paul Benaburger am Unteren Markt 17 und der „Schaffer" Georg Döth an der Burgstraße 4 ab. Sie brauen das Bier nach altem Brauch zusammen und teilen es am Schluss in Fünfzig- sowie Hundert-Liter-Fässer auf. „Damit es aufgeht, muss nun immer einer aussetzen, aber das klappt recht gut", erläutert Reindl. Schon beim Zapfen wird deutlich, dass sich das Bier der fränkischen Brauer vom Zoigl in der Oberpfalz unterscheidet. Klar schäumt es in einem dunklen Bernsteinton in die Krüge.

Aus dem Kommunbraurecht in Neuhaus an der Pegnitz gingen vier Brauereien hervor. Geblieben ist nur die Kaiser-Bräu, die mit einem Braubrunnen vor dem neuen Produktionsgelände an die stolze Biertradition des Ortes erinnert.

Das Bier der Zoiglwirte gärt in Neuhaus an der Pegnitz in einem der vielen Felsenkeller im zerklüfteten Kalkgestein. Viele Gerätschaften sind uralt.

Die Neuhauser filtrieren ihr Gebräu vor dem Abfüllen in die Fässer. Das Bier ähnelt einem Märzen. Die Einheimischen sagen zum Getränk ohnehin nicht Zoigl, sondern so wie in Eslarn Kommune. „Zoigl heißt bei uns nur der Stern, der den Ausschank anzoigt", klärt Paul Reindl auf. Wer nur „eine halbe Halbe" will, der bestellt im Frankenland keinen „Pfief", sondern einen „Schnitt".

In Neuhaus an der Pegnitz gibt es keinen Schankkalender, ebenso wenig eine Homepage. Wer wissen will, wo es gerade Bier gibt, ist, muss schon zum Telefonhörer greifen und bei einem der Wirte oder der Marktgemeinde nachfragen. Trotzdem sind die rustikal eingerichteten Stuben immer rappelvoll. Ausgeschenkt wird nach altem Brauch nicht nur vier oder fünf Tage, sondern wirklich so lange, bis das letzte Fass leer ist. Dann ist der nächste dran. Die etwa siebzehn Hektoliter, die jeder Brauer für seine Zoigltage zur Verfügung hat, reichen meist nicht einmal zwei Wochen.

Die „Drei von der Zoigl-Zapfstelle" im Nürnberger Land haben seit einigen Jahren kein eigenes Kommunbrauhaus mehr. Das ist verkauft und zu einem Wohnhaus umgebaut worden. Seitdem nutzen sie das mit Öl befeuerte Sudhaus in der 1998 aufgegebenen Falkenloch-Brauerei an der Königsteiner Straße, die 1832 ebenfalls aus dem Kommunbrauwesen hervorgegangen war. Der

Beim „Hombauer" prostet auch König Gambrinus den Gästen zu. Kunstmaler Herbert Franz hat ihn nach dem Neubau des Hauses an die Wand gemalt.

Name Falkenloch rührt daher, weil das Lager der Brauerei der „Falkenloch" genannte Keller im Burgberg an der Plecher Straße war.

Der Berg erinnert an einen Schweizer Käse. Achtunddreißig Höhlen sind unter der trutzigen Festung in den Kalkstein gehauen. Der Felsenkeller der „Kommunerer", in dem die drei Neuhauser Zoiglwirte die Würze zu Bier vergären, befindet sich direkt neben dem Eingang des früheren Falkenloch-Lagers. Das zerklüftete Naturgestein sowie die hochmodernen Stahltanks, Alufässer und Becken bilden im Inneren einen faszinierenden Gegensatz von Alt und Neu. Einige Gerätschaften sind Hunderte von Jahren alt. In Neuhaus an der Pegnitz ist Zoigl kein Keller-, sondern ein richtiges Höhlenbier.

Es ist übrigens unsicher, wie lange diese Biertradition noch so fortgesetzt werden kann. Wegen anstehender, unaufschiebbarer Investitionen wird eine Aufgabe des Brauhauses diskutiert. Im Raum steht der Vorschlag, das Kommunbier künftig von der Kaiser-Bräu herstellen zu lassen!

PIRKER
Windischeschenbacher
Zoigl
NEUNBURGER
ZOIGL
Bier
0,33 l

Auch „Seine Exzellenz“ serviert Zoigl

Selbst in der Weidener Fußgängerzone ist der Bierstern zu sehen. Die Parksteiner Unternehmerfamilie Winkler hat in den „BräuWirt“ eine Hausbrauerei integriert, in der Zoigl hergestellt wird.

Brauereien wollen am Zoigl-Boom teilhaben

Mittlerweile „zoiglt“ es auch in den Privatbrauereien gewaltig. Fast zwei Dutzend verschiedene Flaschenabfüllungen sind als Zoigl auf dem Markt. Meist handelt es sich um naturtrübes, unfiltriertes und wenig gespundetes Keller- oder Zwickelbier. Eines haben die Abfüllungen gemeinsam: Keine einzige der etikettierten Flaschen wurde in einem Kommunbrauhaus befüllt. Viele Biere haben mit dem Original brautechnisch wenig bis gar nichts zu tun. Zoiglbegriff und Stern auf dem Etikett sollen einfach signalisieren, dass es sich beim Inhalt um eine besondere Oberpfälzer Bierspezialität handelt. Wer kann es Kleinbrauereien angesichts der wirtschaftlichen Schwierigkeiten, in denen viele stecken, verdenken, dass sie den Boom für ihre Zwecke nutzen? Schließlich ist der Begriff als Marke (noch) nicht geschützt. Und wer kann es den Kommunbrauern verdenken, dass sie die immer höher und breiter werdenden Reihen von Zoiglkisten in Getränkemärkten mit Missachtung strafen? Letztlich entscheidet der Kunde, was er als Oberpfälzer Haustrunk akzeptiert.

Mittlerweile gibt es auch rund zwei Dutzend Zoiglbiere, die in „normalen“ Brauereien hergestellt werden.

Der **„Hussiten-Zoigl“** aus dem Weißen Brauhaus der Privatbrauerei Mehringer aus Neunburg (alc. 5,1% vol.) ist so ein Getränk, das mit dem Oberpfälzer Original wenig zu

Auch die Mallersdorfer Schwestern sind auf den Zoigl gekommen. Die Bierbrauerei ist das Reich von Schwester M. Doris.

tun hat. Es handelt sich um ein mit obergäriger Hefe hergestelltes Weißbier in Flaschengärung. Nicht die Brauerei, sondern ein Wirt hat ihm nach Angaben des Unternehmens den Namen Zoigl verpasst. Das Bier hieß ursprünglich als Reminiszenz an die Neunburger Festspiele „Hussiten-Weiße". Ein Gastronom setzte die Weiße als Zoigl auf die Karte. Die Gäste waren von dem „neuen" Bier so begeistert, dass sie in der Brauerei danach fragten. Irgendwann reagierte das Brauhaus und druckte den Begriff Zoigl auf das Papperl.

Bei **Bischofshof** in Regensburg rundet Zoigl (alc. 5,1 % vol.) als Nordoberpfälzer „Manna" seit 2006 das Sortiment „Seiner Exzellenz" ab. Das Etikett zeigt die Steinerne Brücke, über die mit Sicherheit schon viele Bierfässer gerumpelt sind, und den Dom. Richtig zoigltypisch ist der Werbespruch. Der lautet nämlich: „Das Bier, das uns zu Freunden macht."

Schneller als der Bischof waren Klosterschwestern in Niederbayern. Sie füllen seit 2003 eine unfiltrierte Bierspezialität in der **Mallersdorfer Klosterbrauerei** in Bügelflaschen ab. Das ist weltweit der einzige Zoigl, der von einer waschechten Ordensfrau gemacht wird. Das Sudhaus ist das Reich von Schwester M. Doris. Sie ist gelernte Braumeisterin und Mälzerin. Die Braugerste für das „himmlische Getränk" stammt aus der eigenen Landwirtschaft der Armen Franziskanerinnen, die in der Oberpfalz sehr segensreich wirken. Mit jedem Schluck des Gerstensafts (alc. 5,0 %) kann der Bierfreund damit ein bisschen Gutes tun. Wer kann den Schwestern da noch böse sein, dass sie den Oberpfälzer Trunk exportiert haben?

Kult ist im Süden der Oberpfalz der Zoigl des **Brauereigasthofs „Goldener Löwe"** in Kallmünz. Richard Luber knüpft mit seinem Bier an die Tradition des 1957 abgerissenen Kommunbrauhauses an. Viele Wirtshäuser

Die Zoiglwirtschaft „Bürstenbinder" in Kallmünz ist mittlerweile Kult. Eine Spezialität ist das „Oberpfalzmenü" Zoigl mit „Bauchstechala".

Die Hausbrauerei der Windischeschenbacher „Wolframstub'n" von Georg Forster (rechts) versorgt etliche Zoiglstuben mit Bier.

bezogen im malerischen Marktflecken am Zusammenfluss von Naab und Vils einst ihr Bier von dort. Der „Goldene Löwe" hieß damals „Beim Jobst" und war eine dieser „Zapferwirtschaften". Den Zoigl gibt es nur vom Fass in der Brauereiwirtschaft an der Alten Regensburger Straße und dem angeschlossenen **„Bürstenbinder"**. Die 1989 eröffnete Zoiglstube steht im Ruf, mit rund dreißig Plätzen der kleinste Gasthof der Oberpfalz zu sein. Der winzige Biergarten besteht gerade einmal aus drei Tischen. Auf die Idee, den Zoiglstern vor das Haus zu hängen, kam Besitzer Richard Luber beim Aufräumen. Er fand im Schuppen des Brauereigasthofs unter Unrat den alten Bierzeiger. „Da beschlossen wir, die Tradition wieder aufleben zu lassen", erzählt Luber. Das damals leer stehende, frühere Bürstenbinderhaus bot sich dafür geradezu an. Es gibt keinen Ruhetag. Dafür ist im Frühjahr regelmäßig wegen Hochwassers geschlossen. Auf der Speisenkarte stehen Schmankerln wie Oberpfalzer Fleischstrudel und „Bauchstechala", die es mit den verschiedensten Zutaten gibt. Kurz vor Druckbeginn dieses Buches kündigte Luber an, sein Bier künftig nicht mehr als Zoigl zu verkaufen, da seine Hausbrauerei nichts mit einem Kommunbrauhaus zu tun habe. „Wir wollen dies richtigstellen und dem Bier einen anderen Namen geben", so Luber in einer schriftlichen Stellungnahme.

Zoigl beim Würth klar die Nummer eins

Doch zurück in das Zoiglmekka Nordoberpfalz. Für viele Privatbrauereien ist der Zoigl hier mittlerweile ein wichtiges Standbein geworden. Die Nummer eins ist er für die Windischeschenbacher **Brauerei Würth**. Seit 1998 füllt sie Bier als Zoigl in Bügelflaschen ab. Es gibt drei Sorten: einen hellen, einen dunklen Zoigl und ein Zoiglweißbier (alc. je 5,3 % vol.). Rund siebzig Prozent des Bierumsatzes bestreitet die Brauerei damit. Mittlerweile standen die Würths mit ihrem Unfiltrierten beim Wettbewerb „European Beer Stars" sogar auf dem Treppchen und bekamen bei der Blindverkostung 2008 in der Kategorie der ungespundeten Biere Silber. „Und das gleich bei unserer ersten Teilnahme", strahlt Ludwig Würth.

Noch bekannter ist unter Zoiglfreunden die **Brauerei „Wolframstub'n"** in Windischeschenbach. Sie macht hundert Prozent des Umsatzes mit Zoigl. Es gibt dort gar kein anderes Bier. Das 1994 an die gleichnamige Schankstube angegliederte Sudhaus ist die einzige private reine Zoiglbrauerei der Region. Zwei professionelle Braumeister kommen ins Haus und kochen die Bierwürze für den naturtrüben Haustrunk. Georg Forster fühlt sich mit seiner Erlebnisbrauerei, in der Führungen möglich sind, der Tradition der Kommunbrauer verbunden. Dies ist wohl der Grund dafür, dass in rund einem halben Dutzend Zoiglwirtschaften mittlerweile dieses Bier aus dem Zapfhahn rinnt, darunter beliebte Wirtshäuser wie der „Brucksaler" in Neustadt a. d. Waldnaab und „Zoigl am Alten Rathaus" in Marktredwitz.

Mit der nur ein paar Kilometer entfernten Altenstädter Kleinbrauerei **Eismann** könnte die „Wolframstubn" Konkurrenz bekommen. Michael Eismann hat 2006 unter dem Frisörsalon „Rapunzel" seiner Frau Veronika einen Sudraum eingerichtet, in dem er ein bekömmliches Biersüppchen kocht. Eismann versteht sein Handwerk. Er hat bei der Schlossbrauerei Naabecker eine Brauer- und Mälzerlehre absolviert und einige Semester Brauwesen und Getränketechnologie studiert. Mit seinem Bier beliefert er unter anderem die Zoiglstube **„Haner"**, in die sich alle paar Wochen das Gasthaus Witt in Botzersreuth (Gemeinde Püchersreuth) verwandelt.

In Irchenrieth gab es ebenfalls zeitweise Zoigl. Dort hatte der Saarländer Arne Luchner 1996 die traditionsreiche **Brauerei Hösl** übernommen und damit begonnen, über der alten Holzfeuerung Zoigl zu brauen. Während Kollegen ständig neue Biere auf den Markt brachten, reduzierten Arne Luchner und Claudia Molter das Angebot der Brauerei, deren Tradition bis ins Jahr 1586 zurückreicht, auf zwei Sorten. Neben Zoigl gab es nur noch Pils. Der Irchenriether füllte sein Bier so wie anno dazumal in bauchige „Maurer-Bügelflaschen" ab, die nur mit einem schmalen Bügeletikett beklebt waren. Den Zoigl mit dem Irchenriether Bier-Einhorn auf dem Papperl (alc. 4,7 % vol.) holten Liebhaber, die das Besondere lieben, direkt von der Brauerei ab. Im Jahr 2011 wurde die Brauerei wieder aufgegeben.

Die traditionsreiche Moosbacher **Privatbrauerei Scheuerer** hat seit 2004 zusätzlich zum Kellerbier Zoigl im Sortiment. Dahinter steckt ein unfiltriertes, kräftiges, hopfenbetontes, bernsteinfarbenes Märzen (alc. 5,4 % vol.),

Erhard Scheuerer von der gleichnamigen Moosbacher Privatbrauerei erklärt bei Bierführungen, wie aus Hopfen und Malz ein süffiges Zoiglbier wird.

Der Altenstädter Michael Eismann hat in einem Keller den Traum von der eigenen Zoigl brauerei verwirklicht. Der Hobbybrauer liefert das Bier für die Zoiglwochenenden beim „Haner" im Dörfchen Botzersreuth (bei Neustadt a. d. Waldnaab).

rund im Geschmack und trotzdem für einen Zoigl schlank im Trunk. Die Brauerei, die seit 1887 in vierter Generation im Familienbesitz ist, hat bis 1998 noch selbst Malz aus Gerste hergestellt und damit die Landwirte im Naturpark Nördlicher Oberpfälzer Wald unterstützt. Das Wasser für das Bier kommt aus dem eigenen Odilobrunnen, der nach einer Wasserknappheit auf Empfehlung eines Augustinermönchs dort gegraben worden ist. Mit der Wünschelrute fand er das Nass. Nach dem Ordensbruder ist der Brunnen auch benannt. Vorher hatte ein Unternehmen für Brunnenbohrungen das Gelände erforscht. Trotz moderner Technik waren die Spezialisten zu keinem eindeutigen Ergebnis gekommen. Wer weiß, vielleicht weckt der Moosbacher Zoigl damit ein bisserl übersinnliche Kräfte . . .? Es besteht für Gruppen die Möglichkeit, dies bei einer Brauereiführung mit Ablegen des Bierdiploms zu überprüfen.

Den modernsten Zoigl im Landkreis Neustadt a. d. Waldnaab stellt die **Brauerei Püttner** in Schlammersdorf her. Das Ehepaar Püttner hat in den vergangenen Jahren mächtig viel Geld in den Betrieb investiert. Nach dem Motto „Den Seinen gibt's der Herr im Schlaf" wird beim „Braumoister" die Würze nachts ohne Personal in einem vollautomatischen Zweigerätesudwerk gekocht und gehopft. Der Zoigl (alc. 5,2 % vol.), den der einfallsreiche Braumeister Johannes Püttner 2008 ins Sortiment aufnahm, ist eine Abwandlung des beliebten Märzens Püttner-Gold.

Es gibt zwar nur eine Zoiglsorte, aber die gleich mit drei verschiedenen Etiketten und Filzln. Sie zeigen neben dem Zoiglstern alte Bilder aus der Chronik der 1819 schon im Schloss der Freiherren von Hirschberg betriebenen Brauerei. Auf diesen Marketing-Gag kam das Ehepaar, weil es sich für keines der drei Motive entscheiden konnte. Zur Brauerei gehört auch eine wunderschöne Wirtschaft. Von den gemütlichen, modern eingerichteten Räumen, in denen sich vorzüglich speisen lässt, hat der Gast teilweise einen Blick auf

die blank geputzten Edelstahlkessel des Brauhauses. Viel zu sehen gibt es halt wegen der Hightech-Einrichtung nicht mehr.

Selbst in der kleinen **Weißbierbrauerei Behringer** in Vohenstrauß, in der die Gäste lange über den Zoigl die Nase rümpften, wurde ab 2008 nach einem Besitzerwechsel Zoigl gebraut, was die gestandenen Weißbierfans der kleinen Kult-Brauereigaststätte bisweilen mit Granteln zur Kenntnis nahmen. Schließlich ist die Hefeweiße vom Behringer, der im Ruf steht, die „kleinste Weißbierbrauerei Bayerns" zu sein, legendär. Mittlerweile hat man sich beim Behringer aber wieder auf die alten Stärken besonnen und den Zoigl aus dem Programm genommen.

Das traditionsreiche **Pirker Brauhaus** der Familie Schwab, dessen Geschichte bis ins Jahr 1545 zurückreicht, hat drei Zoiglsorten im Angebot. Seit 1996 gibt es vor den Toren der Stadt Weiden die Bierspezialität in Bügelflaschen. Das Sortiment besteht aus einem hellen (alc. 5,1 % vol.) und einem dunklen Zoigl (alc. 5,2 % vol.) sowie dem „Pirkator"-Doppelbock (alc. 7,3 % vol.).

Zoigl beim Riedl reine Frauensache

In der kleinen **Familienbrauerei Riedl** in Plößberg im Landkreis Tirschenreuth ist der Zoigl reine Frauensache. Zarte Hände sind am Werk, wenn eingemaischt und Würze gehopft wird. Seit Mitte der 90er Jahre führt Braumeisterin Angela Riedl das Unternehmen. Ganz dunkel, malzig unfiltriert, mit einem besonderen Röstaroma und normaler Blume kommt ihr Zoigl (alc. 4,7 % vol.) daher. In Getränkemärkten sucht man die Flaschen mit der fast sechshundert Jahre alten Darstellung des Brauers Herttel aus dem Mendel'schen Hausbuch vergeblich. Den Riedl-Zoigl gibt es nur direkt von der Brauerei und im Brauereigasthof. Ein früheres Zoiglstüberl mit etwa vierzig Plätzen wurde aufgegeben.

Zoigl aus echtem Mineralwasser

Eine der ersten Brauereien, die sich an den Zoigl als Flaschenabfüllung heranwagten, war die **Schlossbrauerei in Reuth**. Schon seit Jahrzehnten wird im Zeichen des Schlosses „Alt-Reuther Zoigl" (alc. 4,8 % vol.) in Schraubverschlussflaschen vertrieben. Das Etikett zeigt eine bäuerliche Biergartenszene im Stile der 60er Jahre. In den Sudkessel kommt bei der 1742 erstmals urkundlich erwähnten Brauerei mindestens dreitausend Jahre altes Mineralwasser aus der hauseigenen Artesia-Quelle. Aus den Schichten des Millionen Jahre alten Urgesteins Granit sprudelt das überreife Wasser aus einem sechzig Meter tiefen Brunnen im Schlossgarten an die Erdoberfläche. Der Brunnen ist vom neu erbauten Steinwald-Radweg, der von Reuth in Richtung Wiesau führt, am Fuße des Schlosses zu sehen.

Ein paar Kilometer weiter stellt die **Friedenfelser Schlossbrauerei** Zoigl her. Das Unternehmen bietet sogar drei Zoiglbiere an. Neben dem dunklen „Schwarzen Ritter" hat der Getränkehersteller 2008 einen hellen Steinwaldzoigl auf den Markt gebracht (jeweils alc. 4,8 vol.). Seit 2009 füllt Braumeister Otto Geyer zudem Weizen-Zoigl (alc. 5,4 % vol.) ab. Während der „Schwarze Ritter", den es schon seit 1980 gibt, in Bügelflaschen mit dem kultigen Plopp geliefert wird, kommen Steinwaldzoigl und Weizen-Zoigl modern mit Kronkorken auf den Tisch.

Das „Alisi-Seidel"

Der Neustädter Aloys Näger hätte am heutigen Zoigl wohl keine rechte Freude mehr. Er hatte mit seinen Schwestern Annerl und Marerl am Stadtplatz, dort wo sich heute die St.-Georgs-Apotheke befindet, eine kleine Landwirtschaft und arbeitete als Schneider. Der klein gewachsene „Alisi" war sehr gesellig und ein begeisterter Zoiglgänger. Da kam es schon mal vor, dass die Erdäpfel noch auf dem Acker lagen, obwohl Nachtfröste einsetzten. Auch der Stadtgendarm Haslbeck musste immer wieder anrücken, weil der Misthaufen vor dem Haus schon zum Himmel stank. Der Nägerschneider legte Wert darauf, dass sein Zoiglglas nicht nur bis zum Eichstrich, sondern bis zum Krugrand gefüllt wurde. Das war natürlich nur möglich, weil das Bier wegen der fehlenden Kohlensäure nicht schäumte. Heute würden viele Gäste so ein Glas wohl als abgestanden zurückgehen lassen. Nicht so die Kreisstädter. Sie freuen sich über ein „Alisi-Seidel" und stoßen damit auf das Wohl des Nägerschneiders an.

Freibier-Fischlein

Beim Zoigl in Falkenberg waren Stammgäste einmal besonders erfinderisch, um an Freibier zu kommen. Sie nahmen in die Zoiglstube eine Flasche mit kleinen Fischen mit. Als sie die Gläser halb ausgetrunken hatten, füllte einer der Gäste seinen Bierkrug mit etwas Wasser aus der Flasche auf. Dabei purzelte auch das eine oder andere Fischlein mit hinein. Anschließend machten die Zecher den Wirt auf den ungewöhnlichen Inhalt des Zoiglglases aufmerksam. Prompt ließ der Wirt alle Krüge abräumen und auf Kosten des Hauses eine neue Runde bringen. Doch wieder das gleiche Spiel. Als der Zoigl in den Gläsern zur Neige ging, zappelten wieder kleine Fischlein in einem Glas. Darauf meinte der Wirt: „Verdammt, ich habe ein einziges Mal Wasser aus der Waldnaab geschöpft, und jetzt bring ich die Teufel nicht mehr weg."

Beim „BräuWirt" Zoigl Live-Erlebnis

Der **„BräuWirt"** in der historischen Altstadt in Weiden macht den Zoigl zum Live-Erlebnis an der Sudpfanne. Als der Parksteiner Logistik-Tüftler Walter Winkler das Haus umbaute, kam er auf die Idee, das alte Braurecht zu reaktivieren, und baute eine Malztenne sowie einen Sudkeller ein, in dem vor Publikum Bier gebraut wird. Los ging es 1993 beim „BräuWirt" mit hellem und dunklem St.-Georgs-Zoigl sowie unfiltriertem Weizen-Zoigl. Jedes der drei Biere wurde 2010 beim Qualitätswettbewerb der Deutschen Landwirtschaftsgesellschaft in der früheren Kategorie „Gasthaus-Brauereien" mit Gold ausgezeichnet. Brauereiführungen mit Bierdiplom sind für Gruppen ab etwa fünfzehn Personen möglich. Beim „BräuWirt" gibt es den Zoigl zum Mitnehmen in kleinen Fässern sowie Zwei-Liter-Flaschen. Ein Besuch lässt sich natürlich super mit einem Bummel in der Stadt verbinden, in der Max Reger seine Jugendjahre verbracht hat. Der Komponist war ein ausgesprochener Bierliebhaber und hat ganz in der Nähe des „BräuWirts", im heutigen Kulturzentrum „Hans Bauer", Musikunterricht erhalten. Eine Sammlung erinnert dort an den Künstler.

Salonfähig hat den Zoigl in Weiden die frühere Brauerei Iblacker gemacht. Sie wagte sich 1984 an den Haustrunk heran. Albert Iblacker wollte damit den „Spezln" vom Altoberpfälzer Freundeskreis die Fahrten nach Windischeschenbach ersparen. „Das war damals ein sehr ungewöhnlicher Schritt, weil Zoigl als junges Bier einen schlechten Ruf hatte", erinnert sich der Brauer. Die anfängliche Skepsis wich schnell einer Begeisterung. Deshalb gab es auch nur einen Namen für die neu erbaute Schankstube an der Hochstraße: **Iblacker Zoiglstüberl**. Die Brauerei an der Bahnhofstraße gab die Familie 2001 aus wirtschaftlichen Gründen auf, das „Zoiglstüberl" gibt es immer noch. Den Zoigl liefert mittlerweile die Schlossbrauerei aus Friedenfels. Aufgrund „großer Nachfrage" hat 2012 dann auch die Gambrinus-Brauerei der Stadt einen **„Weidener Zoigl"** ins Sortiment aufgenommen. Das süffige, unfiltrierte, bernsteinfarbene Bier wird nach einer alten Rezeptur hergestellt und hat einen Alkoholgehalt von 5,2 % vol.

Der Braumeister beim „BräuWirt" in Weiden lässt sich bei der Arbeit gerne über die Schulter schauen. Führungen sind für Gruppen in der Erlebnisbrauerei möglich.

Braumeister Christian Sperber aus Sulzbach-Rosenberg ist durch einen Studienkollegen aus Weiden auf den Zoigl gekommen.

Mit Zoigl völliges Neuland betreten

Auch die **Brauerei Sperber** ist durch den Weidener Albert Iblacker auf den Zoigl gekommen. Christian Sperber, Chef des Sulzbach-Rosenberger Unternehmens, war in Weihenstephan ein Studienkollege des Max-Reger-Städters. „Ich kannte Zoigl vorher gar nicht", gibt Sperber offen zu. Iblacker ermunterte ihn, mit einem naturtrüben Flaschenbier das Sortiment abzurunden: die Geburtsstunde des Sulzbach-Rosenberger Zoigls.

Als die Organisatoren der Knorr-von-Rosenroth-Festspiele 2007 ein besonderes Bier als zusätzliche Attraktion suchten, füllte Sperber auch sein Dunkles als Zoigl in Flaschen ab. Vorher hatte er dieses Bier nur als Spezialität für den Ausschank in der Wirtschaft gebraut.

Beide Entscheidungen hat der Braumeister nicht bereut, denn damit brachen „goldene Zeiten" für das Unternehmen an. Mit dem hellen Haustrunk, dem Pils unter den Zoiglbieren, und dem nach einem Hofkanzler des ehemaligen Herzogstädtchens benannten dunklen Knorr-von-Rosenroth-Zoigl errang die Brauerei 2007 und 2008 zwei Mal in Folge bei der Verleihung der „European Beer Stars" bei der BRAU Beviale in Nürnberg die Goldmedaillen in den jeweiligen Kategorien. Die Wiederholung dieses „Gold-Doubles" mit den gleichen Bieren war vorher keiner anderen Brauerei gelungen, was Christian Sperber, der im Gegensatz zu vielen Kollegen immer noch auf die offene Vergärung setzt, mächtig stolz macht. Denn dieser Bierpreis wird bei einer Blindverkostung vergeben. Die Konkurrenz ist groß: Über sechshundert Experten aus sechzehn Ländern tranken sich zuletzt durch fast siebenhundert Biere und vergaben in zweiundvierzig Kategorien Gold, Silber und Bronze.

Es gibt bei diesem internationalen Wettbewerb natürlich keine eigene Wertung für den Zoigl. Der Rosenroth-Zoigl (alc. 5,1 % vol.) punktete in der Wertung für dunkles Kellerbier und der helle Zoigl (alc. 5,2 % vol.) in der Kategorie für unfiltriertes Kellerpils.

Der schon 1778 erwähnte, über hundert Gäste fassende Brauereigasthof ist vor einigen Jahren umfassend umgebaut und modernisiert worden. Die mit dem Bayerischen Denkmalpreis der Hypo-Kulturstiftung ausgezeichnete Wirtschaft ist ein kleines Biermuseum. Die Schankanlage war zum Beispiel einmal ein Vierschneidbock. Im Windfang trifft man auf einen Läutergrant, und auf dem Weg zur Toilette stößt der Gast auf Pfannentüren. Was hinter diesen Dingen steckt, lässt sich am besten bei einem Besuch in diesem ungewöhnlichen Wirtshaus herausfinden. Kleiner Tipp: Es gibt regelmäßig Bierseminare.

Auch die traditionsreiche **Brauerei Sterk** in Raigering hat einen Zoigl im Sortiment. Die Flaschen fassen nur 0,33 Liter. Damit füllt Sterk gewissermaßen als einzige Brauerei einen „Pfief" in Flaschen ab. Das Erscheinungsbild ist übrigens ganz und gar nicht Oberpfalz-typisch. Auf dem Etikett ist der Pandur Franz Freiherr von der Trenck hoch zu Ross abgebildet, von dem die Raigeringer nach einer Sage abstammen. Dafür reift der goldgelbe Inhalt mit Malzaroma (alc. 5,1 % vol.) im typischen Verfahren mit untergäriger Hefe kalt heran. Die Macher schwärmen davon, dass das Bier entfernt an den Geruch von frischem Stroh erinnere und einem beim Trinken ein Wasserfall im Wald in den Sinn komme.

Aus Amberg stammt ein ungewöhnlicher Öko-Zoigl. Hergestellt wird das Bier (alc. 5,5 % vol.) in Flaschengärung in der kleinen Hausbrauerei **„Am Sudhang"** von Arno Diener. Der Zoigl ist eine von mehreren unfiltrierten Sorten der mit einem Jahresausstoß von etwa hundert Hektolitern kleinsten Amberger Brauerei. Das Unternehmen ist aus einer Silvesterlaune heraus entstanden. „Wir wollten einfach mal den Jahreswechsel mit einem einzigartigen Bier feiern", erinnert sich der Hausbrauer. Der Erfolg des ersten Suds, eines dunklen Weizendoppelbocks, war 1985 durchschlagend. Aus dem Einmachtopf wurde schon bald ein Waschkessel und dann eine richtige Sudpfanne. Die erste Kühlmaschine kam vom Sperrmüll. Mittlerweile kann der Informatiker bei einem Sud sechs Hektoliter Bier auf seiner knisternden Holzfeuerung herstellen.

Umgerührt wird noch wie vor Jahrhunderten per Hand. Malz bezieht Diener von der Öko-Mälzerei Lammsbräu in Neumarkt. Die Hopfendolden erntet er selbst in seinem Hausgarten, im historischen Hopfengarten in Illschwang sowie im neu angelegten Hopfengarten im Freilandmuseum Neusath-Perschen. Dazu kommt das weiche, nitratfreie Stadtwasser, das sich prima fürs Brauen eignet. Damit ist dies der einzige nach dem Reinheitsgebot hergestellte Zoigl, der wirklich nur aus Oberpfälzer Zutaten besteht.

Aus einer Silvesterlaune heraus ist die Hausbrauerei „Am Sudhang" in Amberg entstanden. Den Zoigl von Arno Diener gibt es in großen Zwei-Liter-Flaschen.

Der Name „Am Sudhang" ist ein kleines Wortspiel, da das Bier im Untergeschoss des Wohnhauses an der Straße Am Südhang 7 entsteht. Arno Diener gibt das Getränk in Ein- und Zwei-Liter-Flaschen in selbst gezimmerten Holzkisten sowie in Holzfässern an Liebhaber ab. Eine der wenigen „Zapfstellen" ist der „Radlbahnhof" am Fünf-Flüsse-Radweg im Vilstal in Theuern. Viel wichtiger als hohe Absatzzahlen ist Diener nämlich der Erhalt der alten handwerklichen Braukunst. Neben der Brauerei Sudhang stellen in Amberg mittlerweile auch die **Brauereien Kummert** und **Winkler** Zoigl her. Seit 2008 gibt es beim Winkler im Schanzgässchen den naturbelassenen „Schießl-Zoigl" in Flaschen. Während alle anderen Flaschen der Brauerei das Nabburger Tor ziert, ist auf dem Etikett des Zoigls (alc. 5,3 % vol.) die imposante Fassade der ehemaligen Brauerei Schießl abgebildet. Früher kannte man den Begriff Zoigl in Amberg übrigens gar nicht. Dabei existierten in der kreisfreien Stadt im 18. Jahrhundert sechs Kommunbrauhäuser.

Wegen Zoigls Bierautos angehalten

Schon seit Jahrzehnten gibt es im oberfränkischen Marktredwitz Zoigl in Bierkisten. Die frühere Brauerei Kaiserhof war eine der ersten, die ihn in Flaschen abfüllte. Im Herbst 1993 wurde sie von Mönchshof übernommen, die prompt den Braubetrieb einstellte. Doch die Bürger mussten nicht lange auf Zoigl verzichten. Die **Brauerei Nothhaft** sprang in die Bresche. Otto Nothhaft suchte in den Archiven nach dem alten Rezept für das braune Bier, mit dem sein Urgroßvater 1882 nach dem Erwerb des Anwesens Nummer 36 an der Ottostraße das Brauen begonnen hatte, und brachte es als „Rawetzer Zoigl" (alc. 5,0 % vol.) auf den Markt. Der erste Sud war schon nach zwei Tagen ausverkauft. Sogar Bierwägen sollen in der Innenstadt angehalten worden sein, weil sich Bürger noch ein paar Flaschen sichern wollten. So etwas hatte die Brauerei noch nie erlebt. Seit 2006 bietet **Hönicka-Bräu** im nahen Wunsiedel hefeblumigen, bernsteinfarbenen, unfiltrierten Zoigl in Fässern an. Damit ist die Zoiglgrenze noch nicht erreicht. Die **Gasthausbrauerei Ploß**, die 1998 die Pforten geöffnet hat, ist mit dem Selber Zoigl bislang ein „Nordlicht" der Szene. Im März und Oktober ist dort Zoigl-Anstich. Dazu werden neben Gerichten wie Schnitzel in Malzkruste und Cordon Bleu in Bierteig auch „Saure Zipfel", Geräuchertes mit Treberbrot und andere „bierige" Schmankerln gereicht.

Auch im Bamberger Land gibt es eine Zoiglstube. Dahinter stecken die Franken Andreas und Manuela Gänstaller. Sie haben vor einigen Jahren in der alten Füllerei der Brauerei Beck in Trabelsdorf damit begonnen, Zoigl anzubieten – mit Erfolg. Mittlerweile sind sie mit ihrer Zoiglwirtschaft in den Brauereigasthof **„Drei Kronen"** nach Straßkiech „umgezogen". Dort gibt es in einer urigen Stube drei Mal die Woche Schmankerln wie Treberschnitzel und Salat mit Zoigl-Vinaigrette. Das Zoiglbier dazu - naturtrüb, goldgelb mit 5,8 % Alkoholgehalt - kommt aus der eigenen Hausbrauerei, die wie die Oberpfälzer Kommunbrauhäuser noch über ein offenes Kühlschiff verfügt. Auf den Zoigl gekommen ist die Familie durch das Internet. „Wir wollten analog zu den Wein-Besen-Schenken eine Bierwirtschaft einrichten, die familiär geführt wird und nicht täglich öffnet", verrät Andreas Gänstaller. Die Zoigltraditon war genau das, wonach die Franken suchten.

Das Etikett des Zoigls aus den Vereinigten Staaten ziert ein grafisch gestalteter Bierstern. „I love this beer", bekennt Braumeister Artie Tafoya.

Zoigl sogar in den Vereinigten Staaten

Selbst jenseits des Großen Teichs wird mittlerweile dem Oberpfälzer Kultbier nachgeeifert. Der „Zoigl Star Lager", den die **Appalachian Brewing Company** seit 2005 mit Weizenmalz in Pennsylvania in den Vereinigten Staaten als unfiltriertes Saisonbier abfüllt, ist mit Sicherheit trotz einer gewissen Ursprünglichkeit der „exotischste Zoigl". Braumeister Artie Tafoya von der Brewing Company, zu der Brauereien in Harrisburg, Gettysburg und Camp Hill gehören, schwärmt von seinem Zoigl, der in den Staaten mittlerweile viele Freunde habe. „Wir sind sehr stolz, dass wir unseren Kunden ein solch traditionelles, gutes Bier anbieten können", lässt der Braumeister auf Anfrage per E-Mail wissen. Wer die Entstehungsgeschichte dieses „fruchtigen und erfrischenden Biers" erforscht, stößt früher oder später auf Michael Schwab vom Pirker Brauhaus. Er hat vor einigen Jahren ein Praktikum in den Vereinigten Staaten absolviert und im Jahr 2000 für Brauer und Liebhaber des Gerstensafts aus Amerika eine sechstägige Bierreise durch die Oberpfalz und nach Böhmen organisiert. Einer der „Great Beer Wanderers" war Braumeister Artie Tafoya. Stationen waren neben Brauereien in Pilsen und Chodova Plana in Tschechien der „BräuWirt" in Weiden, die kleine Weißbierbrauerei Behringer in Vohenstrauß sowie die Zoiglstube „Da Roude" in Windischeschenbach. Der Zoigl hat den Amerikaner schwer beeindruckt. Nach längerem Herumexperimentieren brachte er fünf Jahre nach dem Besuch in der Zoiglstube die Bierspezialität auf den Markt. Das Etikett ziert ein Stern, in dem die Elemente Feuer, Wasser, Erde und Luft sowie die Zutaten Hopfen und Malz dargestellt sind.

Bierfans können mittlerweile vieles, was sie für einen Zoiglabend brauchen, im Internet bestellen. Das Mitterteicher Unternehmen **Zoiglbauer** bringt ein Sortiment rund um das Kultbier auf den Markt. Das wichtigste Produkt ist ein Zoigl (alc. 5,2 % vol.), der erstmals die alte Oberpfälzer Biertradition mit modernen Brauereiverfahren verbindet. Die Würze wird im Mitterteicher Kommunbrauhaus gekocht und das Bier in der Brauerei Hösl abgefüllt. Hinter dieser Idee steckt die Mitterteicher Familie Männl, die auf dem Haus Kirchplatz 3 das Braurecht hat.

Zu Backwaren wie Zoiglholzofenbrot, Zoiglherdsemmeln und Zoiglbrezen, die in Männls Naturkostbäckerei in Steinmühle herstellt werden, gesellen sich typische Brotzeiten und Oberpfälzer Fertiggerichte mit Fisch, Kartoffeln und Fleisch. Ein Bierbrand und andere „Scharfe", Zoigl-Met sowie Mischgetränke aus dem Mitterteicher Bier sollen die Palette abrunden. Auch Zoiglsterne wird es geben. Gastronomen und Spezialitätenhändler können das gesamte Warensortiment für einen Zoiglabend aus einer Hand ordern. Für private Partys gibt es Verkaufsstände und den Onlineshop. In Steinmühle ist ein Direktverkauf. Zudem will Zoiglbauer bei Mittelaltermärkten punkten und hat am Kirchplatz eine eigene Zoiglstube eröffnet.

Hinter der Philosophie steckt die Idee, dass Kunden, denen das Sortiment gefällt, irgendwann in die Region kommen, um den Kult ums Bier live in Oberpfälzer Stuben zu erleben.

Auch im Gasthof „Erlhof" in **Erlheim** bei Ursensollen im Landkreis Amberg-Sulzbach „zoiglt" es mittlerweile ganz gewaltig. In der Hausbrauerei stellt Brauer Fred Gaisbauer gleich vier verschiedene Zoiglsorten her: die nach der benachbarten Kirche benannten hellen Laurenzi-Zoigl (ein bernsteinfarbenes, naturtrübes untergäriges Bier mit 4,8 % vol. Alkohol, das im traditionellen Zweimaischeverfahren gebraut wird) und dunkler Laurenzi-Zoigl (ein Schwarzbier im Zweimaischeverfahren), den Errator-Zoigl-Bock mit 18 % Stammwürze und 8 % vol. Alkohol (nur zur Fastenzeit) sowie das Erlheimer Zoigl-Weizen.

Und dann sind da noch die Schwarzenfelder Andrea und Jürgen Schnellinger, die in ihrer Hausbrauerei **Schnellinger-Bräu** in Irrenlohe bei Schwandorf seit 2009 neben Weizen auch hellen und dunklen Zoigl brauen und in Flaschen und Fässer abfüllen. Den Hopfen für sein Bier baut der Maschinenbauer und Konstrukteur übrigens selbst im eigenen Hopfengarten an. Rund sechzig Stöcke – alles alte Hallertauer Sorten – hat er dort. Sie gedeihen nicht nur prächtig, sondern sind auch „absolut frei von Pestiziden", wie er versichert.

In Holzkisten gibt es das Zoiglbauer-Bier aus Mitterteich. Dies ist der einzige Zoigl aus einem Kommunbrauhaus, der in Halbliterflaschen abgefüllt wird. Die Umsetzung dieser Idee löste 2009 fast wie im Mittelalter einen Bierkrieg aus.

Brauerei	Bier	Im Sortiment seit	Brauart	alc. % vol.
Privatbrauerei Mehringer in Neunburg vorm Wald	Hussiten-Zoigl	1998	oberg. Hefeweißbier mit Fl.-Gärung	5,1 % alc.
Brauerei Bischofshof in Regensburg	Zoigl	2006	unfiltriertes, naturtrübes Kellerbier	5,1 % vol.
Mallersdorfer Klosterbrauerei	Mallersdorfer Zoigl	2003	naturtrüb	5 % vol.
Privatbrauerei Würth in Windischeschenbach	Heller Zoigl	1998	untergäriges natutrüb	5,4 % vol.
Privatbrauerei Würth in Windischeschenbach	Dunkler Zoigl	2000	untergärig	5,4 % vol.
Privatbrauerei Würth in Windischeschenbach	Weißbierzoigl	2008	obergärig	5,4 % vol.
BräuWirt Weiden	St.-Georgs-Zoigl	1993	bernsteinfarben und dunkel	4,9-5,1 % vol.
Privatbrauerei Scheuerer in Moosbach	Moosbacher Zoigl	2004	bernsteinfarben, unfiltriert	5.4 % alc.
Privatbrauerei Püttner in Schlammersdorf	Püttner-Zoigl	2008	eine Art Märzen	5,2 % vol.
Pirker Brauhaus	Heller Zoigl	1996	unfiltriertes hellers Kellerbier	5,1 % vol.
Pirker Brauhaus	Dunkler Zoigl	1996	unfiltriertes dunkles Kellerbier	5,2% vol.
Pirker Brauhaus	Pirkator-Zoigl	1996	unfiltrierter Doppelbock	7,3 % vol.
Privatbrauerei Riedl in Plößberg	Riedl-Zoigl	1973	unfiltriert, dunkles Kellerbier	4,7 % vol.
Schlossbrauerei Reuth	Alt-ReutherZoigl	1976	dunkle Bbernsteinf., naturtrüb	4,9 % vol.
Friedenfelser Schlossbrauerei	Zoigl Schwarzer Ritter	1980	unfiltriertes Kellerbier	4,8 % vol.
Friedenfelser Schlossbrauerei	Steinwald-Zoigl	2008	untergär., naturtrüb, bernsteinf.	4,8 % vol.
Friedenfelser Schlossbrauerei	Weizen-Zoigl	2009	obergär., unfiltriertes Weizen	5,4% vol.
Brauerei Hösl in Mitterteich	Communbräu-Zoigl	2011	untergär., unfiltriert, bernsteinf.	5,5 % vol.
Brauerei Sperber in Sulzbach-Rosenberg	Knorr-von-Rosenroth-Zoigl	2007	dunkles Kellerbier	5,1% vol.
Brauerei Sperber in Sulzbach-Rosenberg	Heller Zoigl	1989	unfiltriert. Kellerbier, bernsteinf.	5,1% vol.
Brauerei Sterk in Raigering	Raigeringer Zoigl	1999	untergärig	5,1% vol.
Brauerei Winkler in Amberg	Schießl-Zoigl	2008	untergär., naturb. Kellerbier	5,3 % vol.
Brauerei Nothhaft in Marktredwitz	Rawetzer-Zoigl	1995	untergär., naturtrüb, bernsteinf.	5,0 % vol.
Zoiglbauer in Mitterteich	Zoiglbauer-Zoigl	2009	untergär., naturtrüb, bernsteinf.	5,2 % vol.
Brauerei Gambrinus in Weiden	Weidener Zoigl	2012	untergär., unfiltriertes Kellerbier,	5,2 % vol.
Brauerei Eismann in Altenstadt/WN	Eismann-Zoigl	2006	untergär.., unfiltr., bernsteinfarben	5,1 % vol.

Brauerei	Bier	Im Sortiment seit	Brauart	alc. % vol.
Brauerei Eismann in Altenstadt/WN	Weizenzoigl	2006	obergär., naturtrüb, hell-bernsteinf.	5,1 % vol.
Am Sudhang in Amberg	Sudhang-Zoigl	2005	untergärig, unfiltriert	5,1 % vol.
Erlhofer Hausbauerei	Laurenzi-Zoigl hell	2009	untergär., bernsteinf. Kellerbier	4,8 % vol.
Erlhofer Hausbrauerei	Laurenzi-Zoigl dunkel	2010	Schwarzbier	4,8 % vol.
Erlhofer Hausbrauerei	Zoigl-Weizen	2010	obergär., unfiltriertes Weizen	4,5 % vol.
Erlhofer Hausbrauerei	Errator Zoigl-Bock	2010	Starkbier	8 % vol.
Schnellinger-Bräu	Zoigl dunkel	2009	untergär., unfiltriert, bernsteinf.	5,3 % vol.
Schnellinger-Bräu	Zoigl hell	2009	untergär., unfiltriert, goldgelb	5,1 % vol.
Schnellinger-Bräu	Zoigl dunkel	2009	untergär., unfiltriert, bernsteinf.	5,3 % vol.
Hausbrauerei Gänstaller	Drei-Kronen-Zoigl	2011	goldgelb, unfiltr. und untergär.	5,8 % vol.
Schlossbrauerei Naabeck	Naabecker Zoigl	2013	untergär., unfiltriert, bernsteinf.	5,2 % vol.

Etliche Brauereien füllen den Zoigl in Bügelflaschen ab. Der Inhalt kommt längst nicht nur, wie beim Würther, Pirker oder Friedenfelser Zoigl, aus der Nordoberpfalz, sondern auch aus dem Süden des Regierungsbezirks (Bischofshof-Zoigl) sowie aus Niederbayern (Mallersdorfer Zoigl).

Kulturschock: Zoigl im Discounter!

Und dann ist da noch die Sache mit dem Communbräu-Zoigl, der im Februar 2011 plötzlich palettenweise im Discounter Norma stand. Drei Liter Zoigl im handlichen Sechserpack für 2,99 Euro. „Die Qualität aus Bayern" war vielerorts schnell vergriffen – am schnellsten übrigens in den typischen Zoiglorten der Region: ein Kulturschock für alle Zoiglwirte, Tourismusfachleute und Bürgermeister der Kommunbrauorte. Hatte Norbert Neugirg doch bei der Präsentation der Erstauflage dieses Buches im Oktober 2009 noch gereimt:

„Mög' das Zoiglbier trotz allem Treiben
authentisch und im Lande bleiben,
mög' es niemals im Profit versanden
und mög' es nie beim Aldi landen!"

Nun ja, es war nicht Aldi, sondern Norma. Doch trösten konnte das keinen, zumal es noch schlimmer kam: Die Spuren nach der Herkunft des Dumpingzoigls führten nicht etwa zu einer Großbrauerei fern der Oberpfalz, sondern direkt ins Herz der Zoiglregion, nämlich nach Mitterteich. Auf dem Etikett stand zu lesen: „Hergestellt für die Commun-Bräu GmbH, Niederlassung: PF. 1128, 95660 Mitterteich". Recherchen findiger Journalisten brachten schnell an den Tag, dass das Bier aus der Brauerei Hösl in Mitterteich stammte. Sie hatte den Zoigl für die Nageler Commun-Bräu von Roman und Martina Bauer aus Teunz abgefüllt, die zwar noch unter Mitterteich firmierte, aber mittlerweile ihren Firmensitz in Oberviechtach hatte und früher ein Teil der Hofer Brauerei Scherdel war.

Allein der Konsument entscheide, ob dies eine Eintagsfliege sei, so stand in der Zeitung zu lesen. Der Zoigl war keine Eintagsfliege. Einige Monate später wurde der Communbräu-Zoigl von der Mitterteicher Hösl und Co. Brauhaus GmbH als Wort-Bildmarke unter dem Aktenzeichen DE302011041210 beim Deutschen Patent- und Markenamt (DPMA) für Waren und Dienstleistungen der Klasse 32 für Biere zur Registrierung angemeldet. Die Marke tauchte einige Zeit später nicht mehr tragerlweise, sondern diesmal sogar kastenweise in Getränkemärkten der Region auf. Diesmal seltsamerweise blieb der Aufschrei aus.

„Zoigl for one"

Nicht nur Not, auch Zoigl macht erfinderisch. Dies beweist eine Geschichte aus der früheren Zoiglstube Beier-Schreiner in Windischeschenbach. Es ist überliefert, dass der Wirt einmal vergeblich auf den Ansturm der Gäste wartete. Verzweifelt saß er alleine vor dem vollen Fass in der guten Stube. Da kam ihm eine göttliche Eingebung. Er zog die Vorhänge zu, holte die Karten und begann, sie alleine auf den Tisch zu dreschen. Er tat dies so laut, dass auf der Straße jeder hörte, welch gutes Blatt er hatte. Die Finte verfehlte ihre Wirkung nicht. Schon bald kamen, vom Geschrei angelockt, die ersten Gäste. Sie amüsierten sich natürlich köstlich über den Wirt, der im wahrsten Sinne des Wortes einen Solo nach dem anderen spielte. Im Nu war die Stube rappenvoll, und der Zoigl floss so, wie sich der Wirt das erträumt hatte. Die Marketingstrategie des findigen Windischeschenbachers wird mindestens so oft erzählt, wie das vergleichbare „Dinner for one" im Fernsehen ausgestrahlt wird. Die Zoiglstube gibt es immer noch. Heute schenkt dort der Loistl Bier aus.

Die Wurstschüssel beim „Faber"

Ein Markenzeichen des Zoigls sind die reichlichen Hausmacherbrotzeiten, die zum Selbstgebrauten serviert werden. Ob davon schon ein Gast wusste, der sich vor Jahrzehnten in eine Neustädter Zoiglstube verirrte? In der früheren Schankstube der Familie Gleißner, im Volksmund nach dem Hausnamen nur „Faber" genannt, war es üblich, dass auf dem Tisch eine Schüssel mit Wurststückchen zum Verzehr stand. Daraus bedienten sich alle Gäste. Anschließend wurde stückchenweise abgerechnet. Eines Tages kam ein Pflasterer in die Stube und griff bei den Wurststückchen beherzt zu. Als der Wirt zum Abkassieren kam, war die Schüssel fast leer. Leider habe er die gereichte Brotzeit nicht ganz geschafft, bedauerte der Gast.

Spuk im Brauhaus

Aus Waldthurn ist eine Sage aufgezeichnet, nach der ein Braubursch gutes Bier mit dem Leben bezahlen musste. Der Braumeister, ein aufbrausender, jähzorniger Mann, hatte zwei Gehilfen und einen Lehrbuben. Mit ihnen kochte er für die Waldthurner Bierwürze. Eines Tages musste er verreisen. Die drei jungen Burschen wussten vor lauter Übermut nicht, was sie zuerst anstellen sollten. Da kamen sie auf die Idee, an alle Leute zur Feier des Tages kostenlos Bier auszuschenken. Das sprach sich schnell herum, das Bier schmeckte hervorragend, und der Auflauf war groß. Doch der Braumeister kam früher als erwartet zurück und sah diese Verschwendung. Voll Zorn griff er nach einem Bierschlegel, der in seiner Nähe stand, und zog ihn einem der Brauburschen über den Kopf. Der Junge sackte tot zusammen. Als der Braumeister sah, was er angerichtet hatte, flüchtete er aus Waldthurn. Er wanderte von da an als Bettler durch das Land und fand auch nach dem Tod keine Ruhe. Als Geist tauchte er immer wieder nachts im Brauhaus auf. Schaurig hallten die Worte „Wo ist er?" durch das Gebäude.

Das alte Brauhaus ist übrigens 1955 vom Raiffeisenverein gekauft und abgerissen worden, um Platz für ein Lager zu schaffen. Damit endete eine sechshundertjährige Tradition. Einer der letzten brauenden Bürger im Ort war Florian Feiler. Unter Braumeister Johann Führnrohr, auch unter dem Namen „Bräuer-Hans" bekannt, nahmen Bierliebhaber nach dem Krieg in den 50er Jahren das gemeinschaftliche Brauhaus noch einmal in Betrieb. Die Waldthurner, bei denen das Braurecht vermutlich bis ins 14. Jahrhundert zurückreicht, haben den Begriff Kommunbrauer übrigens immer abgelehnt. Sie legten Wert darauf, Mitglieder einer Braugesellschaft zu sein. 1810 erwarben sie das ehemals fürstliche Brauhaus der Lobkowitzer vom Königreich Bayern. Bierbrauen war also in Waldthurn irgendwie zuerst ein fürstliches, dann ein königliches, zuletzt ein gesellschaftliches und dann gar kein Vergnügen mehr.

Das Waldsassener Wunderbier

Eine Besonderheit beim Zoigl ist, dass kein Sud genau so schmeckt wie der andere. Die Waldsassener Klosterbrüder sollen eines Tages ein Bier ausgeschenkt haben, das an Würze und Bekömmlichkeit alle früheren Sude übertraf. Seltsamerweise boten die Patres gerade diesmal das Bier billiger als sonst an. Wie ein Lauffeuer sprach sich die Kunde vom Waldsassener Wunderbier herum. In Scharen kamen die Leute, um den süffigen, günstigen Gerstensaft zu trinken. Sie lobten den Bruder Braumeister in den höchsten Tönen. Seltsam war nur, dass er nie selbst kam, um sich am großen Andrang zu erfreuen, das Lob persönlich entgegenzunehmen und vielleicht sogar mit den Gästen auf das Bier anzustoßen.

Als der gesamte Sud getrunken war, stiegen die Preise wieder. Doch die Bürger fragten immer, wann das Kloster denn wieder dieses süffige Billigbier verkaufe. Irgendwann entfuhr einem Pater genervt der Satz: „Wir können doch nicht absichtlich einen Bruder in den Kessel werfen." So sprach sich herum, was keiner jemals hätte erfahren sollen: Beim Kochen der Würze war ein Mönch kopfüber in den Kessel gestürzt und ums Leben gekommen. Um wirtschaftlichen Schaden vom Kloster abzuhalten, hatten die Patres das Bier fertig gebraut und günstiger abgegeben.

Bei den historischen Stadtrundgängen, die im Jahr 2008 zu einem Klosterjubiläum erstmals angeboten wurden, wird dieser Bierunfall in Szene gesetzt. Allerdings kommt der Klosterbruder dort mit dem Schrecken davon. Er klettert wieder aus dem Sudkessel, wringt nach dem Sturz seine Klosterkutte in die Würze aus und erzählt anschließend von dem peinlichen Vorfall.

Zoigl
vom 6. bis 9. August
ab 17.00 Uhr
Brotzeiten aus
eigener Metzgerei
Roidl
Wolfadl
Zoigl
VOM KOMMUNBRAUER
Schwoazhansl
Falkenberg, Tirschenreuther Str.
Freitag 18. 1. – Montag 21. 1.
„Oberpfälzer
Zoigl
von Freitag, 16. 1., 10 Uhr,
bis Dienstag, 20. 1. 2009
ZOIGLWIRTSCHAFT
Waldhauser
☎ 09602/939898
Zoigl
mit Brotzeiten
Binnerlindl
Fr, 18. Jan. - Mo, 21. Jan.
Jeweils ab 17 Uhr
Schlossbrauer
Zoigl
Zoiglwirtschaft
„d'Eisenbahn"
alter Pfarrhof
Zoiglwirtschaft
Anni Loistl
Pfarrplatz 14
92665 Altenstadt/WN
Telefon 0176/23367755
Zoigl-Ausschank
Zoiglstubn beim
BRUCKSALER
Bahnhofstraße 13 Neustadt/WN
mit Zoiglbrotzeiten
Samstag, 19. 1. 2013,
Sonntag, 20. 1. 2013,
ab 15.00 Uhr
beim Haner
(Familie Witt)
92715 Püchersreuth
Botzersreuth 3 · ☎ 09602/8510
ECHTER ZOIGL
VOM KOMMUNBRAUER
ab Freitag, 18. Januar,
bis Montag, 21. Januar 2013, beim
Lingl in Neuhaus
Täglich ab 10.00 Uhr geöffnet
Freitag: Schaschlik-Topf
www.lingl-zoigl.de
Freitag bis Montag
Beim Gloser
Schafferhof
Windischeschenbach / Neuhaus
Zoiglausschank
Fr., 8. 2., bis Di., 12. 2. 2013
ECHTER ZOIGL
VOM KOMMUNBRAUER
Ab Dienstag, 29. Januar
bis einschließlich Samstag, 2. Februar 2013
Zoigl geöffnet!
bei Familie Oppl
Oberer Marktplatz 11 · Mitterteich
Telefon 09633/3326
Houderer Zoigl
Kemnath
Zoigl
ECHTER ZOIGL
VOM KOMMUNBRAUER
ab heute, Freitag, beim
BINNER
Familie Robert Sperber
Windischeschenbach · Kleiau 3
☎ 09681/1498 · www.binnergeist.de
Zoigl
beim
„Vinzenz"
in Hammerles 21
vom 31. Januar bis 4. Februar 2013
ECHTER ZOIGL
VOM KOMMUNBRAUER
Ab heute, Freitag, 9.00 Uhr, bis
einschließlich Dienstag Zoigl bei
Otto Punzmann
Freitag bis Dienstag
täglich ab 10°° Uhr
J. Punzmann, Marktplatz
Tel. 09681-2128
Zoigl
31.7.– 3.8.09
Jeden Tag deftige
Biergartenbe
ECHTER ZOIGL
VOM KOMMUNBRAUER
süffig und gut, mit bekannt
Brotzeiten aus eigener Schla
gibt's wieder ab heute
bis Montag, 3. August 2009,
beim Kramer-Wolf
in Falkenberg · Tel. 0963
ECHTER ZOIGL
VOM KOMMUNBRAUER
ab Freitag, 1. 2. bis
einschließlich
Dienstag, 5. 2. 2013
beim BAHLER
NEUHAUS · Marktplatz 12
Zoiglstub'n beim
MEISLBECK
Faschings-Zoigl
Fr., 8. 2. bis Di. 12. 2.
Braugasse 20, Erbendorf
Fr./Sa.: Krustenbraten
So.: Zwiebelkuchen
Mo./Di.: Saure Bratwürste
www.meislbeck.de
von Fr., 25. Januar,
bis Mo., 28. Januar 2013,
Zoigl in der
Mundlstub'n"
ZOIGL
in der
Zoiglstub'n
Zum Glöckerlbauer
Schustermooslohe 31a
92637 Weiden
VOM KOMMUNBRAUER
ab heute, Freitag, 25. 1., bis
Zur Post

Die Suche nach einer guten Stube

Vom Zoigl-Kalender bis zur Zoigl-App

Das Schankzeichen vom „Oberpfälzer Hof" in Windischeschenbach zeigt einen Kranz mit Bierkrug.

Die Heiligen Drei Könige hatten es vergleichsweise einfach. Sie folgten dem hellen Stern mit dem Schweif am Himmel. Er hob sich deutlich von den anderen Himmelskörpern ab. Die Liebhaber des Oberpfälzer Zoigls haben es ungleich schwerer. Ihnen weisen Dutzende von Sternen und andere Schankzeichen den Weg. Wer ihnen folgt, erlebt manch eine Enttäuschung. Denn längst ist nicht mehr überall, wo Zoigl draufsteht, auch Oberpfälzer Kommunbrautradition drin. Viele normale Gastwirtschaften schwimmen auf der Welle mit. Es lohnt sich deshalb durchaus, vor dem Besuch einer Zoiglstube etwas genauer hinzuschauen, wie viel Biertradition und -braukunst wirklich drinstecken. Ein Blick auf die Preisliste, die Brotzeit- und Getränkekarte sowie die Öffnungszeiten hilft oft schon weiter, um zu sehen, wie viel Herzblut, Tradition und Originalität eine Wirtschaft enthält.

Am besten ist es natürlich, sich vorab eine Zoiglstube auszusuchen und sich über deren Schankzeiten zu informieren. Die meisten Wirtschaften geben in der Tageszeitung mit einer Anzeige bekannt, wann es losgeht. Unabhängig davon gibt es auch verschiedene Zoiglkalender. Die echten Kommunbrau-Zoiglwirte, viele Orte und sogar einzelne Stuben haben eigene Schankkalender. Am umfassendsten ist wohl das alljährlich neu aufgelegte Faltblatt der Touristikregion Oberpfälzer Wald, das auch zwischen echten Kommunbrau-Zoiglstuben und zoiglähnlichen Schankwirtschaften unterscheidet, die normales Brauereibier ausschenken. Der Kalender kann kostenlos im Internet heruntergeladen (www.oberpfaelzerwald.de) oder bei der Ferienregion Oberpfälzer Wald angefordert werden. Ganz neu gibt es nun auch eine App, eine Applikation, die auf bestimmte Mobiltelefone heruntergeladen werden kann. Leider ist diese App bislang nur für iPhones, iPads und iPods mit dem angebissenen Apfel als Firmenzeichen erhältlich. Programmiert hat sie Tobias Frischholz, ein aus Rothenstadt stammender Lehrer.

Nix als lauter Sprüch'

„Wenn's Zoiglbier rengt und Bratwürstl schneit, dann bitt ma an Herrgott, dass Weda so bleibt." (Trinkspruch aus der Zoiglstube „Vinzenz")

„Hast du Zoigl in der Blutbahn, bist du sexy wie ein Truthahn!" (Unbekannter Dichter)

„Im Himmel gibt's kein Bier, drum trinken wir es hier!" (Wandspruch vom „Hombauer" in Neuhaus an der Pegnitz)

„Es trinkt der Mensch, es säuft das Pferd, in Bayern ist dies umgekehrt!" (Wandspruch beim „Käck'n" in Neuhaus bei Windischeschenbach)

„Wir danken, dass Sie kamen und etwas Zoigl zu sich nahmen, denn der Wirt allein hätt' Mühe mit dem Vernichten seiner Brühe!" (Spruch an der Schafferhoftür, von Norbert Neugirg)

„Hast du Kummer oder Schmerz, drück einen Zoigl dir ans Herz" (Zoiglspruch von einem Bierfilz beim „Schoilmichl")

„Selbst der Kaplan sieht es ein, tauscht Messwein gegen Zoigl ein!" (Spruch von einem Bierfilz vom „Schoilmichl")

„Hast du eine Schwester, die hässlich ist und mager, da kannst du machen, was du willst, da kriegst du keinen Schwager!" (Trinkspruch von einem Bierfilz vom „Strehern" aus Eslarn)

„Morgens tut ein Zoigl gut, mittags nicht viel minder. Wer abends auch noch zoigln tut, der zeugt gesunde Kinder!" (Wandspruch vom „Steffl-wirt" in Wiesau)

„Besuchst du, Mensch, die Oberpfalz, dann probier', gebraut aus Malz, Hefe, Wasser und dem Hopfen, den Zoigl, den sie dort verklopfen!" (Norbert Neugirg)

„Hast du mal Sorgen und fehlt dir der Mut, trink a Mass Zoigl und alles wird gut." (Zoiglspruch von einem alten Bierfilz)

Kampf um regionales Herkunftszeichen

Mittlerweile beschäftigt der Zoigl auch die Juristen. Die nun im Verein „Echter Zoigl vom Kommunbrauer" zusammengeschlossenen Bierrechtler versuchen seit einigen Jahren, ihr Bier und die Tradition, die drinsteckt, zur geschützten geografischen Angabe (g. g. A.) zu machen. Mindestens ein Stadium der Erzeugung, Verarbeitung oder Herstellung muss bei diesem Gütesiegel eine feste Verbindung zum Herkunftsgebiet oder -ort haben. So wie das Lübecker Marzipan, die Nürnberger Rostbratwurst und der Schwarzwälder Schinken nur in der jeweiligen Region hergestellt werden dürfen, soll der Zoigl nach dem Wunsch der Kommunbrauer nur noch so genannt werden dürfen, wenn die Würze für das Bier in einem Kommunbrauhaus gekocht und gehopft und der Sud anschließend in dem Haus (oder in einem zum Anwesen gehörenden Keller) vergoren wird, in dem er später auch ins Glas schäumt.

Dagegen laufen etliche Privatbrauereien Sturm, denen gewaltige Umsatzeinbußen drohen. Sie sind zwar grundsätzlich ebenfalls für einen Schutz, wollen aber ein rein regionales Gütesiegel ohne vorgeschriebenes Herstellungsverfahren und lehnen deshalb das Ansinnen der Kommunbrauer strikt ab.

Das Deutsche Patent- und Markenamt hat im März 2011, nicht zuletzt aufgrund der lautstarken Proteste etlicher betroffener Privatbrauer, in einem Beschluss mittlerweile die Eintragung des Zoigls als geografische Angabe abgelehnt. Die Privatbrauer führten unter anderem ins Feld, dass auch in Oberfranken und Niederbayern Zoigl gebraut werde, das Bier schon seit vielen Jahren in Brauereien produziert werde, die Kommunbrauer selbst nicht konsequent das geschilderte Verfahren einhalten würden (explizit wurden hier der ganzjährige Verkauf und die Flaschenabfüllung genannt) sowie herkunftsbedingte Besonderheiten fehlten. Der Zoigl entspreche eigentlich dem weit verbreiteten Keller- oder Zwickelbier. Die von den Antragstellern vorgebrachte Spezifikation enthalte verschiedene sachlich nicht gerechtfertigte Beschränkungen, urteilte das Patent- und Markenamt. Es räumte zwar ein, „dass der Name Zoigl auf die insbesondere in der nördlichen Oberpfalz seit Jahrhunderten gepflegte Tradition des Kommunbrauwesens zurückzuführen ist", aber die Bezeichnung bereits seit längerer

Bierexperten aus aller Welt interessieren sich für den Zoigl. Hier ist Brauerin Vidya Kubher von der indischen Brauerei „Geist" aus Bangalore mit Reinhold Zapf vom Tourismuszentrum Oberpfälzer Wald (von links) und „Bahler" Thomas Witt (rechts) in Neuhaus zu Gast beim „Lingl" Klaus Bauer (Zweiter von rechts).

„Wohl bekomm's". In vielen Zoiglstuben, wie hier beim Kramer in Falkenberg, ist es urgemütlich. Früher fand der Ausschank sogar in den Wohnstuben statt.

Zeit in beträchtlichem Umfang auch für vergleichbare Biererzeugnisse verwendet werde. Sprich: Die Zoiglwirte sind einfach viel zu spät dran mit ihrem Wunsch. Vor dreißig oder sogar zwanzig Jahren, als der Zoigl noch als „Plempl" verschrien war und von vielen Brauereien belächelt wurde, wären die Erfolgsaussichten ungleich größer gewesen. Eine Ironie des Schicksals ist es, dass bereits vor dem großen Zoiglboom Gäste den Schutz des Bieres angeregt hatten. Die Bierrechtler verwarfen wegen der damit verbundenen Kosten den Gedanken aber wieder.

Trotz der Ablehnung ist die geschützte geografische Angabe noch nicht vom Tisch. Die Kommunbrauer haben nämlich von ihrem Widerspruchsrecht Gebrauch gemacht. Das bedeutet, das Verfahren dauert weiter an. Ende und Ausgang des Tauziehens waren beim Druck dieses Buches auch nicht annähernd abzusehen. Es geht dabei nicht nur um Traditionen, sondern auch (oder vor allem) um viel Geld. Für einige Brauereien und auch Zoiglstuben könnte ein allzu strenger Schutz nämlich das Aus bedeuten. In der derzeit unübersichtlichen Zoigllandschaft würde dies vielleicht sogar eine Art Flurbereinigung nach sich ziehen, da mit einem Schlag Dutzende von Zoiglstuben schließen oder sich zumindest umbenennen müssten. Es würden unter Umständen nicht einmal zwei Dutzend übrig bleiben.

Doch auch Kommunbrauer, die ausliefern, müssten mit Umsatzeinbrüchen oder zumindest finanziellen Einbußen rechnen. Denn ihr Bier würde sich, wenn man den Schutzstatus konsequent zu Ende denkt, beim Verlassen des Anwesens plötzlich in ein Keller- oder Zwickelbier verwandeln – rein rechtlich wohlgemerkt. Ob der Zusatz „gebraut vom Kommunbrauer" ausreichen würde, um die Abnehmer bei der Stange zu halten?

Unter Umständen würde die Regelung aber auch zur Einrichtung neuer Gemeinschaftsbrauhäuser führen, eventuell über Bürger-Aktiengesellschaften. Die könnten dann als Dividende Freibier und Brotzeiten an ihre Aktionäre ausschütten, ein verlockender Gedanke und ein Modell, das anderenorts zur „Rettung regionaler Kleinbrauereien und der

Bierkultur" bereits erfolgreich praktiziert wird. Zumindest in einem Rathaus des Oberpfälzer Waldes denkt man mittlerweile bereits sehr intensiv darüber nach, zur Tourismusförderung wieder ein Kommunbrauhaus einzurichten.

Deutlich macht den pekuniären Wert des Zoiglbegriffs eine Erfahrung eines Metzgermeisters aus der Oberpfalz. Er hatte tagelang einen Krustenbraten im Angebot. Die Absatzzahlen waren eher mäßig. Als das Fleisch schon schlecht zu werden drohte, setzte er das Wort „Zoigl" davor. Die fünf Buchstaben bewirkten Wunder. Innerhalb kürzester Zeit war der Braten, der nun Zoigl-Krustenbraten hieß, verkauft. Kein Wunder also, dass mittlerweile auch viele andere Produkte mit den fünf Buchstaben beworben werden. Von der Zoiglseife bis zum Zoigldressing reicht die Palette der Produkte, die nach Angaben der Hersteller mittlerweile auch ins deutschsprachige Ausland ausgeliefert werden.

Dass der echte Zoigl ein ganz besonderes Bier ist, das haben die Oberpfälzer Kommunbrauer mittlerweile schwarz auf weiß. Beim Spezialitätenwettbewerb der Metropolregion Nürnberg standen die Brauer damit bereits mehrfach auf dem Treppchen. Die Krone - und dies im wahrsten Sinne des Wortes - setzt dem eine Auszeichnung auf, die bei der Messe „Consumenta" 2011 in der Frankenmetropole verliehen worden ist. Da erhielt der echte Zoigl als einziges Schmankerl aus dem Oberpfälzer Wald eines der begehrten Krönchen, die an diesem Tag erstmals verliehen wurden. Eigentlich erübrigt es sich, darauf hinzuweisen, dass das große Fass Freibier, das der Neuhauser Jürgen Punzmann zur Feier des Tages für die Messebesucher anzapfte, im Nu leer war.

Für Gäste, die erstmals zum Kommunbier gehen, ist es schwierig, bei so viel Zoigl den Durchblick zu behalten. Zumal derzeit rechtlich nahezu jeder eine Zoiglstube eröffnen und jede Wirtschaft als Zoiglstube betrieben werden kann. Die Behörden prüfen Anträge nur mehr nach dem Baurecht und den Vorschriften des Gaststättengesetzes. Viel wichtiger als einstige Stadt- oder Marktbürgerbriefe sind heute WC-Anlagen, Fluchtwege, Lärmschutzmaßnahmen und ausreichend Parkplätze vor den Stuben. Das Braurecht spielt hier überhaupt keine Rolle mehr. Es ist noch für die Mitbenutzung der Kommunbrauhäuser bedeutend. Und hier auch nur noch bedingt. So dürfen im Windischeneschenbacher Brauhaus drei Kommunbrauer ihr Bier sieden, obwohl nach den Aufzeichnungen gar kein entsprechender Grundbucheintrag (mehr) vorhanden ist. Diese Großzügigkeit bringt natürlich auch Vorteile für die anderen Bierrechtler mit sich, da sich der Fixkostenanteil für den einzelnen Brauer vermindert.

Eine deftige Brotzeit bildet die ideale Unterlage für den Zoigl. Wem läuft bei solch einem Brotzeitteller nicht das Wasser im Munde zusammen?

Wer das echte Kommunbrauwesen erleben will, muss also vor dem Besuch einer Zoiglstube sehr genau hinschauen, wie viel Biertradition und Braukunst wirklich drinstecken.

Als kleine Entscheidungshilfe haben wir auf Anregung vieler Leser der Erstausgabe dieses Buches am Ende nun die bekanntesten Zoigl-Wirtschaften aufgelistet und klassifiziert. Die folgenden Seiten sollen zeigen, wie viel von der ursprünglichen Zoigltradition in jeder Stube enthalten ist. Wichtig ist dabei zu beachten, dass die Bewertung letztlich nichts über die Qualität der Speisen und Getränke oder gar das Preis-Leistungs-Verhältnis aussagt. Es wurde dabei nur auf das Einhalten der Traditionen geachtet. Die Bierqualität lässt sich beim echten Zoigl ohnehin nicht bewerten. Denn – wie am Anfang dieses Buches erläutert – schmeckt jeder Sud wegen der traditionellen offenen Brauverfahren, der unterschiedlichen Reifebedingungen, der variierenden Hausrezepte und der unterschiedlichen Hefekulturen, die zum Einsatz kommen, etwas anders. Genau das ist aber auch der Reiz und der tiefere Sinn der Tradition. Man geht „aam Zoigl", um zu schauen, wie dem Bierrechtler diesmal sein Sud gelungen ist. Auch die Bewertung der servierten Speisen ist bei einem Buch, das mehrere Jahre auf dem Markt ist, kaum möglich. Zudem sollte man beachten, dass wir aufgrund der Fülle von Zoiglwirtschaften auch auf Angaben der Wirtsleute zurückgreifen mussten. Für die Richtigkeit können wir keine Gewähr übernehmen.

Musikanten sind in den Oberpfälzer Zoiglstuben, wie hier beim Kommunbrauertag im Schafferhof in Neuhaus, immer gern gesehen.

Zeichen für Mitgliedschaft Echte Kommunbrauer ● ECHTER ZOIGL VOM KOMMUNBRAUER	Als Zoiglstube geöffnet seit	Kommt Biersud aus Kommunbrauhaus?	Gibt es eine eigene Hausgärung?	Höchsten… Woche…
Zoiglstuben im Kommunbrauort Eslarn				
„Beim Strehern", Tillystr. 4, Tel. 09653/1355 ●	1996	☆	☆	☆
Zoiglstuben im Kommunbrauort Falkenberg				
„Kramer-Wolf", Tirschenreuther Str. 4, Tel. 09637/328 (Familie Fischer) ●	1978	☆	☆	☆
„Schwoazhansl", Tirschenreuther Str. 7, Tel. 0172/9106756 (Fam. Flieger) ●	2011	☆	☆	☆
„Wolfadl", Gumpener Weg 1, Tel. 0157/72067495 (Manfred Betz)	2008	☆	☆	☆
Zoiglstuben im Kommunbrauort Mitterteich				
Hartwich-Zoigl, Angergasse 1, Tel. 09633/2308 (Thomas Seitz-Hartwich) ●	1967	☆	☆	☆
„Boozhaus", Bachstr. 12, Tel. 09633/919207 o. 3497 (Familie Lugert) ●	1999	☆	☆	☆
Oppl-Zoigl, Oberer Marktplatz 11, Tel. 09633/3326 (Wilhelm Oppl) ●	seit 1600	☆	☆	☆
„Zoiglbauer", Kirchplatz 3, Tel. 09633/923537	2010	☆	☆	☆
Zoiglstuben im Kommunbrauort Neuhaus/Windisch.				
„Bahler", Marktplatz 12, Tel. 09681/3916 (Fam. Thomas Witt) ●	1999	☆	☆	☆
„Käck'n", Marktplatz 18, Tel. 09681/2312 (Fam. Schönberger) ●	bis 1959, wieder seit '84	☆	☆	☆
Lingl-Zoigl, Burgstr. 1, Tel. 09681/1313 (Fam. Klaus Bauer) ●	2009	☆	☆	☆
Schafferhof, Burgstr. 6, Tel. 09681/917160 (Fam. Fütterer) ●	2000	☆	☆	☆
„Schoilmichl", Marktplatz 20, Tel. 09681/1397 (Manfred Punzmann) ●	1950	☆	☆	☆
„Teicher", Burgstr. 2-4, Tel. 09681/918074 o. 2128 (Fam. Punzmann) ●	1973	☆	☆	☆
Zoiglstuben im Kommunbrauort Windischeschenbach				
„Binner", Kleiau 3, Tel. 09681/1498 (Fam. Sperber) ●	mind. seit 1900	☆	☆	☆
„Beim Gloser", Lehnerberg 2, Tel. 09681/3170 (Fam. Popp) ●	2003	☆	☆	☆
„Da Roude", Stadtplatz 3, Tel. 09681/2185 (Fam. Heinl) ●	Wieder seit 1952	☆	☆	☆
„Fiedlschneider", Stadtplatz 15, Tel. 09681/400103 (Fam. Köllner) ●	2009	☆	☆	☆
„Schlosshof-Zoigl", Schlosshof 13, Tel. 09681/2660 (Fam. Weiß) ●	1989	☆	☆	☆
„Zum Posterer", An der Alten Post 4, Tel. 09681/918088 (Fam. Zimmermann)	2004	☆	☆	☆
„Wolframstub'n", Hauptstr. 10–12, Tel. 09681/1241 (Fam. Forster)	1977	Eigene Zoigl-Hausbrauerei	☆	☆
Loistl, Neustädter Str. 8, Tel. 09681/3507	1986	☆	☆	Jede… Mo…

yp. n	Außer Zoigl keine anderen Biere	Besondere Schmankerln	Zahl der Plätze	Freisitze im Sommer
	✡	Schlachtschüssel und eigene Hausbrände	45	Ja
	✡	Eigene Hausmetzgerei, Stärketrinken an Dreikönig und Straßenfest (Anfang August)	150	-
	✡	Veget. Dips-Frühlingsteller (nur im Sommer)	160	Ja
	✡	Obatzda und andere typische Brotzeiten	100	Ja
	✡	Eigene Wurstkuchl	60	Ja
	✡	Schaschlik und wechselnde Gerichte wie Pferdegulasch oder marinierte Heringe	40	Ja
	✡	Saure Bratwürste und Gulaschsuppe (Fr.)	140	Ja
	-	Schmankerln aus eigener Metzgerei	80	Ja
	✡	Hausmachersulz, besondere Scharfe wie Hopfengold und Hirschkuss	150	Ja
	✡	Spezialitäten aus der eigenen Wurstkuchl	90	Ja
	✡	Freitags Schaschliktopf und andere Überraschungsgerichte, im August Räucherforellen	140	Ja
	✡	Obatzda, Tafelspitz-Sulz, Brotzeit-Brettlschmankerl, hausgemachte Bratensulz	180	Ja
	-	Zoiglpass und Damenlikör „Schwanzerlstürzer"	130	Ja
	✡	Spezialitäten aus eigener Hausschlachtung	100	Ja
	✡	Schnäpse aus der eigenen Hausbrennerei	100	Ja
	✡	Oberpfälzer Carpaccio, Radieserlschaumbrote und Zoigl mit Naturland-Bioqualität	80	Ja
	✡	Schaschlik, Gulasch und andere wechselnde Schmankerln	35	Ja
	✡	Bauernseufzer und Schlachtschüssel (Ende Oktober bis Anfang März)	70	Ja
	✡	Riesenkrakauer vom „Krakauer-Sepp" und manchmal sonntags Schäufele mit Kraut	90	Ja
	✡	Südtiroler Bauernspeck und „Dreierlei" (Wurstsalat, Saurer Käs und Presssack mit Musik)	90	-
	✡	Gebäck aus der eigenen Haus-Biobäckerei, Halber-Meter-Brotzeitspaß (für vier Personen)	120	Ja
	✡	Knuspriges Zoiglbratl, Ripperln, saure Platte und Käse-Geräuchertes-Platte	40	-

Zeichen für Mitgliedschaft ● Echte Kommunbrauer ECHTER ZOIGL VOM KOMMUNBRAUER	Als Zoiglstube geöffnet seit	Kommt Biersud aus Kommunbrauhaus?	Eigene Hausgärung bei der Wirtschaft	Höchste Woch
Zoiglstuben mit Bier aus einer Kommunbrauerei				
Alter Pfarrhof in Altenstadt a. d. Waldnaab, Pfarrplatz 14, Tel. 0176 23367755 (Fam. Loistl)	2005	✡	Nein, Zoigl kommt vom „Loistl"	✡
„Waldhauser" in Neustadt a. d. Waldnaab, Freyung 26, Tel. 09602/939898 (Fam. Schmid)	2002	✡	Nein, Zoigl vom „Schoilmichl"	✡
„Zum Vinzenz" in Hammerles bei Parkstein, Dorfhammerles 21, Tel. 09602/616716 (Neidhardt)	2004	✡	Nein, Zoigl vom „Schoilmichl"	✡
„Stromhias" in Flossenbürg, Jahnstraße 21, Tel. 09603/9030025 (Fam. Niekrawitz)	2007	✡	Nein, Zoigl kommt vom Hartwich	✡
„Beim Wagerer" in Parkstein, Lichtensternstr. 8, Tel. 09602/6695 (Fam. Menzl)	2007	✡	Nein, Zoigl kommt vom „Posterer"	✡
„Beim Roidl" in Neualbenreuth, Marktplatz 6, Tel. 09638/279 (Karl Schöner)	2008	✡	Nein, Zoigl kommt vom Oppl	✡
„Dameradl" in Waldershof, Markt 66, Tel. 09231/72400 (Fam. Kaiser)	1993	✡ *	✡	✡
„Zum Rechensimer" in Reuth bei Erbendorf, Röthenbach 3, Tel. 09683/343 (Fam. Käß)	2010	✡	Nein, Zoigl kommt vom „Posterer"	✡
„Zum Zäpferten" in Bruckhof bei Eslarn, Tel. 09653/929266 (Fam. Kleber)	2001	✡	✡	Imme jem. d
Brauhaus-Zoigl Waldershof, Walbenreuther Str. 4., Tel. 0157/84291031 (Fam. Neumann)	2013	✡	Nein, Zoigl kommt vom „Posterer"	✡
Zoiglstuben mit Bier aus Privat-Brauerei				
Zoiglstub'n „Am Letten", Bergstr. 19, Letten, Reuth b. Erbend., Tel. 09683/929924 oder 0170/3306330	2006	-	Nein, Zoigl aus der „Wolframstub'n"	Jede Fr., Sc
Zoigl im Kommunbrauhaus in Kemnath, Brauhaustr. 9, Tel. 0170/3306330 (Alfons Höcht)	2008	-	Nein, Zoigl aus der „Wolframstub'n"	✡
Zoiglstubn „Beim Brucksaler" in Neustadt/WN, Bahnhofstraße 13, Tel. 09602/617890 (Fam. Lang)	2005	-	Nein, Zoigl aus der „Wolframstub'n"	✡
„Beim Heigl" in Schirmitz, Schloßgasse 5, Tel. 0961/44437 (Fam. Heigl)	2011	-	Nein, Zoigl aus der „Wolframstub'n"	✡
„Zum Mundl" in Störnstein, Neustädter Str. 2, Tel. 09602/7329 o. 01756458034 (Fam. Schultes)	2009	-	Nein, Zoigl der Brauerei Püttner	✡
„Zum Glöckerlbauer" in Weiden, Schustermoosloh, Tel. 0961/3819704 (Bruni Bergler)	2011	-	Nein, Zoigl der Brauerei Püttner	✡
„Postgassl" in Tirschenreuth, Bahnhofstr. 27, Tel. 09631/1604 (Johann Gmeiner)	2005	-	Nein, Herkunft des Bieres geheim	✡
„Zum Binnerlindl" in Kohlberg, Raiffeisenstraße 1, Tel. 09608/91212 o. 923525 (Fam. Götz)	2006	Jungbier der Brauerei Rittmeyer	Nur Nachgärung im eigenen Keller	✡
„Zum Boderfuchs" in Tirschenreuth, Hospitalstraße 5, Telefon 0171/2889204	2005	-	Nein, Abfüllung der Reuther Schlossbr.	✡
„Aweg"-Stube in Neustadt/WN, Untere Vorstadt 15 (Gabi Bergner)	1982	-	Eismann-Zoigl	Jede Sa. u
„Beim Meislbeck" in Erbendorf, Bräugasse 20, Tel. 09682/1591 (Fam. Kölbl)	2009	-	Nein, Zoigl der Brauerei Hösl	✡

* Die Würze für das Bier vom „Dameradl" in Waldershof wird mangels eines eigenen Kommunbrauhauses im Mitterteicher Kommunbrauhaus gekocht.

typ. …en	Außer Zoigl keine anderen Biere	Besondere Schmankerln	Zahl der Plätze	Freisitze im Sommer
	✡	Rippchen	100	Ja
	✡	Pimperlkraut, Sauas Erdäpflgmöis, Wasserschnalzn und andere ausgefallene alte Gerichte	80	Ja
	✡	Immer am ersten Schanktag (Do.) Musikantentreffen, Saure Haxn (saisonal), Strammer Max	50	Ja
	✡	Schlachtschüssel mit Dotsch und frische Tellersulzn, Gansessen zur Landkirchweih (Mo.), Sau vom Grill zum Maibaumfest	50	Ja
	✡	Dreierlei (Wurstsalat, Presssack und Limburger) und Oberpfälzer Erdäpflsuppn	90	Ja
	✡	Tatar und andere Spezialitäten aus der eigenen Wurstkuchl	50	Ja
	✡	Hausmachersulz	-	Ja
	✡	Schweinshaxen und Schäufele	170	Ja
	✡	Bauernplatte	30	Ja
	✡	Dreierlei-Brot (mit Obatzdem, Streichwurst und Griebenschmalz), ab und zu Wildgerichte	140	Ja
	-	Spezialitäten aus dem Backofen	40	Ja
	-	Rippchen	250	-
	✡	Hausmachersulz, im Sommer Schmankerln aus dem eigenem Holzbackofen, Vatertagszoigl	100	Ja
	✡	Schlachtschüssel (saisonal), Saure Knöcherln, Tafelspitz	70	Ja
	✡	Hausgemachte Tellersulz	50	Ja
	✡	Hausgemachte Tellersulz	00	Ja
	-	Rippchen (Fr.), Semmelnkren und Rindfleisch (Sa.), Blut- und Leberwürste (nur im Winter)	50	Ja
	✡	Zoiglbauch, Schlachtschüssel (saisonal) und selbst gemachte Kuchen	100	Ja
	✡	Schweinshaxen und andere wechselnde Tagesgerichte sowie Speck mit Obatzdm	65	Ja
	✡	Alte Einrichtung mit einem zur Hutablage umfunktionierten Rußbalken	30	-
	✡	Eigene Hausbäckerei mit Spezialitäten in Tradition des „Meislbeck"	100	Ja

Zeichen für Mitgliedschaft Echte Kommunbrauer ●	Als Zoiglstube geöffnet seit	Kommt Biersud aus Kommunbrauhaus?	Eigene Hausgärung bei der Wirtschaft	Höchsten Woche
Zoiglstuben mit Bier aus einer Privat-Brauerei				
„Zum Sprea'n" in Waldsassen, Dr.-Otto-Seidl-Str. 15, Tel. 09632/923284 (Thomas Tomala)	2006	-	Nein, Zoigl Reuther Schlossbrauerei	✡
„Stefflwirt" in Wiesau, Kirchplatz 7, Tel. 09634/1215 (Fam. Summer)	2005	-	Nein, Zoigl aus Friedenf. Brauerei	✡
Landgasthof Reuschl in Hohenthan bei Bärnau, Tel. 09635/913470 (Fam. Neuber)	2011	-	Nein, Zoigl Reuther Schlossbrauerei	✡
Wirtschaften mit Kommunbrau-Zoigl im Angebot				
Gasthof-Hotel „Oberpfälzer Hof" (Enders) in Windischeschenbach, Hauptstr. 1, Tel. 09681/788 ●	-	✡	Derzeit nicht, Zoigl kommt vom „Binner"	Mittwoch
Gasthof „Weißer Schwan" (Schwanerer) in Windischeschenbach, Pfarrplatz 1, Tel. 09681/1230 ●	-	✡	✡	Sonnta und Sa.
Hotel „Zum Waldnaabtal" („Sausewind") in Neuhaus, Marktplatz 1, Tel. 09681/3711 (Bäumler) ●	-	✡	Nein, Zoigl kommt vom „Bahler"	Frei Ruh
Gasthof „Roter Ochse" in Falkenberg, Schönfichter Str, 7, Tel. 09637/272 (Fam. Prockl)	-	✡	✡ *	Di. Ru
„Zum Houderer" in Kemnath, Stadtplatz 17, Tel. 09642/4363293 (Fam. König)	2008	✡	Nein, wechselnde Kommunbiere	-
„Zum Lederer" in Tännesberg, Marktplatz 4, Tel. 09655/385 (Max Völkl)	2002	✡	Nein, Rebhuhn-Zoigl aus Eslarn (saisonal)	Jede W sonn
„Zoigl am Eck" in Waldsassen, Kirchenstr. 2, Tel. 09632/9249266 (Alexandra Hoyer/Daniela Hilgarth)	2012	✡	Nein, Zoigl kommt vom „Posterer"	14-t geö
Sonstige Zoiglwirtschaften				
Zoiglstube „Zum Adler" in Grafenwöhr, Marienplatz 7, Tel. 09641/9367818 (Wilhelm Kraus)	2012	-	Nein, Bier der Brauerei Würth	Jede W Do.-
Zoiglstube „Krapfenbauer" in Vohenstrauß, Pfarrgasse 4, Tel. 0151/24210051 (Archibald Dreyer)	2012	-	Nein, Brauereibier, Herkunft geheim	Jede W Do.
„Zoigl-Voit" in Pleystein, Neuenhammerstr. 20, Tel. 09654/1255 o. 0163/7501601 (Fam. Voit)	2000	-	Wolframstub'n u. Brauerei Würth	Jede W Fr.-
„Zum Bürstenbinder" in Kallmünz, Am Graben 9, Tel. 09473/8552 (Fam. Luber)	1989	-	Nein, Zoigl vom „Goldenen Löwen"	-
Iblacker Zoiglstüberl in Weiden, Hochstr. 12, Tel. 0961/7570 (Fam. Iblacker)	1990	-	Nein, Zoigl der Brauerei Friedenfels	Jede W Mo
„Burgers Zoigl-Brotzeitstüberl" in Vohenstrauß, Waidhauser Str. 42, Tel. 09651/1200 (Franz Burger)	2005	-	Nein, Zoigl der Brauerei Würth	Jede W Mi.
Stuben, die in absehbarer Zeit wieder/neu eröffnen		Platz für eigene	Eintragungen	
„Zum Stern" in Windischeschenbach, Neustädter Straße 5 (Fam. Schiml)	2014/2015			
Zoiglstube „Schwarzer Ritter" in Waldershof, Markt 9 (Friedenfelser Schlossbrauerei)	Neueröffnung 2013			
Museumszoiglstube beim Kommunbrauhaus in Eslarn, Brennerstraße 30 (Marktgemeinde)	2013/2014			
Dammbauernhaus in Eschenbach i. d. OPf., Marienplatz 7 (Susanne und Gerhard Prösl)	2013/2014			
„Moierhof", Altenparkstein 7, Telefon 09681/1555 derzeit nicht bewirtschaftet	2008, derzeit kein Pächter			

* Wenn der eigene Zoigl nicht ausreicht, dann schenkt die Familie Prockl Kommunbrauzoigl von Zoigl-Hartwich aus Mitterteich aus.

yp. n	Außer Zoigl keine anderen Biere	Besondere Schmankerln	Zahl der Plätze	Freisitze im Sommer
	✡	Tagesaktuelle Schmankerln	70	Ja
	-	Brotzeiten aus der eigenen Hausmetzgerei	60	Ja
	-	Saure Knöcherln, Tellerfleisch und andere wechselnde Oberpfälzer Schmankerln	70	-
	-	Hausmachersulz, Strammer Max und Zoigl-Rinderbraten	100	Ja
	-	Brotzeitspezialitäten aus eigener Schlachtung und eigener Hausmetzgerei	110	Ja
	-	Gebr. Blutwurst mit Püree u. Apfelmus, Schweinebauch mit Lauch und Zoiglbiersoße	90	Ja
	-	Seit 1492 Gastwirtschaft, antike Einrichtung mit barockem Kachelofen aus dem Jahr 1724	80	Ja
	-	Je nach Saison Überachachana Zwiebelkaas-Leberkaas, Schwammerlbröih, Schlachtschüssel	25	Ja
	-	Tenne mit ungewöhnlichem Veranstaltungsprogramm	40	-
	✡	Wechselnde warme Mittagsgerichte	60	Ja
	-	-	60	Ja
	-	Nürnberger Rostbratwürste mit Kraut auf Zinnteller und -herzerln; eigene Hausbrauerei geplant	65	Ja
	-	-	100	Ja
	-	Oberpfälzer Fleischstrudel, Bauchstechala mit verschiedensten Zutaten	30	Ja
	-	Hausgemachte Tellersulzen	40	Ja
	-	Hausgemachtes Geräuchertes und hausgemachte Tellersulzen	100	Ja
			50	Ja
			90	Ja

Zeichen für Mitgliedschaft Echte Kommunbrauer ●	Als Zoiglstube geöffnet seit	Kommt Biersud aus Kommunbrauhaus?	Eigene Hausgärung bei der Wirtschaft	Höchste Woch
Wirtschaften mit speziellen Zoigl-Wochenenden				Zoigl-A
„Zum Reiserbesen", Kronau 3, Pullenreuth, Tel. 09234/980700 (Aurel Steger)	2005	-	Nein, Zoigl der Brauerei Friedenfels	Winter Som.
Gasthof „Zur Linde" in Premenreuth, Falkenberger Str. 2, Tel. 09681/633 (Fam. Bauer)	2012	-	Nein, Zoigl Reuther Schlossbrauerei	Alle 3 Sa.
„Zum Haner" in Botzersreuth bei Ilsenbach, Tel. 09602/8510 (Gasthaus Witt)	2009	-	Nein, Zoigl der Brauerei Eismann	Alle 3 W So. ab
„Stodlkneipe" in Irchenrieth, Im Kreuth 1, Tel. 0160/90554932 (Alexandra Dobner)	2012	-	Nein, Zoigl der Brauerei Würth	Alle 3
Gasthof „Zum Waldler-Franz" in Unterrehberg 13, Georgenberg, Tel. 9658 /226 (Fam. Hartwig)	2011	-	Nein, Zoigl der Bauerei Eismann	Einm Monat
„Zum Gogerer" in Floß, Freiherr-v.-Lichtenstern-str. 20, Tel. 09603/2357 (Wolfgang Aichinger)	2005	-	Nein, Zoigl der „Wolframstub'n"	Einmal eine
Hotel-Gasthof „Zur Post" in Bärnau, Marktplatz 8, 09635 924963-0 (Ludwig Fischer)	2008	-	Wechselnde Zoiglbiere	Ein Wo im M
Zoigltenne des Guts Plankenhammer bei Floß, Plankenhammer 1, Tel. 09603/800600 (Fam. Käs)	2009	-	Kulmbacher Brauereibier	Einmal Mai b
Nur sporadisch bewirtschaftete Zoiglstuben				
Brewitzer-Stubn in Neustadt/WN, Knorrstr. 11, Tel. 0602/8790 (Fam. Brewitzer)	2011	-	Nein, Zoigl der Brauerei Püttner	vorm
Zoiglstube Gläßel in Waldsassen im Stiftland-museum, Museumsstraße 1, Tel. 09632/88120	2000	✡	Nein, Zoigl kommt vom Oppl	Nur zur nach
„Zum Taubnschuster" in Eschenbach, Wassergasse 21 (Heimatverein Eschenbach)	Wieder seit 2005	✡	Zoigl vom Hartwich oder „Gloser"	✡ etwa 4
Banruckerschmiede in Erbendorf, Bräugasse, Tel. 09682/9210-0 (Stadt und Erbendorfer Vereine)	2008	✡	Nein, Zoigl kommt meist vom „Binner"	✡ 3-4 i
Zoiglstuben außerhalb der Oberpfalz				
Zoigl in Kaufbeuren, Ludwigsgasse 47, Tel. 0170/5458963 (Gernot Wildung)	2002	Erst Nachgärung im eigenen Keller	✡ *	14- Auss
„Zoigl Am Alten Rathaus", Marktredwitz, Markt 23, Tel. 09231/702472 (Rainer Fleißner)	2006	-	Nein, Zoigl aus der „Wolframstub'n"	14- Zoiglau
„Prunnhuber" (Paul Benaburger), Neuhaus an der Pegnitz, Unterer Markt 17, Tel. 09156 /1676	1950er Jahre	✡	✡ *	✡
„Schaffer" (Georg Döth), Burgstr. 4, Neuhaus an der Pegnitz, Tel. 09156/1056	1952	✡	✡ *	✡
„Hombauer" (Paul Reindl), Neuhaus an der Pegnitz, Unterer Markt 3, Tel. 09156/1425	1952	✡	✡ *	✡
Zoiglstube in Scheßlitz-Straßgiech, Drosendorfer Straße 24, Tel. 09542/7741255 (Fam. Gänstaller)	2011	-	Eigene Hausbrauerei	Jede W Do. u
Oberredwitzer Zoiglstub'n in Marktredwitz, Max-Reger-Str. 16, Tel. 09231/4073838 (Fam. Grimm)	2009	-	Biere d. Fattigauer Schlossbrauerei	Mo. u Ruh

* Die Wirte in Neuhaus an der Pegnitz nutzen gemeinschaftlich die frühere Falkenloch-Brauerei und vergären das Bi anschließend in einem eigenen Keller, was durchaus der Zoigltradition noch ähnlich ist. Bei der Zoiglstube in Kaufb ren wird das Bier im privaten „Communebrauhaus" gekocht und vergoren. Erst das Jungbier kommt in Tradition de fränkischen Hausbräus zur Nachgärung in den Keller der Zoiglstube.

yp. n	Außer Zoigl keine anderen Biere	Besondere Zoigl-Schmankerln	Zahl der Plätze	Freisitze im Sommer
	-	Geräucherte Steinwaldforellen und wechselnde Schmankerln	105	Ja
	-	Schaschlik und andere Schmankerln aus der eigenen Hausmetzgerei	60	Ja
	-	-	40	Ja
	-	„Saurer Heinz" (ein Dreierlei aus Wurstsalat, Stinkakaas und Presssack mit Musik)	40	Ja
	-	Zusätzlich zur normalen Karte wechselnde Oberpfälzer Schmankerln (z. B. Schlachtschüssel)	65	Ja
	-	Hauseigene Metzgerei	50	Ja
	-	Zusätzlich zum üblichen Angebot eigene Brotzeitkarte	90	-
	-	Saures Herz, Schwammerbröih mit Dotsch	70	Ja
	-	-	25	Ja
	-	Obatztnbrote	60	-
	✡	Krenfleisch und Bauernseufzer	80	Ja
	✡	Wechselnde Schmankerln	60	Ja
	Serviert wird das eigene Hausbräu	Kahlfresserplatte, Bratwurstsulz, Stadtwurst mit Musik, Kellerfleisch, Zwetschgenbammes	60	Ja
	✡	Bratkartoffel zu verschiedenen Schmankerln	70	Ja
	✡	Surknocherln, Teller-Fleischsulz	80	-
	✡	Würste aus eigener Schlachtung, Salzknöcherln mit Sauerkraut (nur nach Vorbestellung)	70	-
	✡	Saure Zipfel, Blut- und Leberwürste mit Kraut	60	Ja
	-	Treberschnitzel, Zoiglbiersalat, in Zoiglbier-marinade eingelegte Steaks	100	Ja
	-	Thüringer Röster, Auflaufknödel und selbst gebackene Kuchen im Glas	60	Ja

Überzoiglt ...

... oder Ansichten eines Säufers

Als leidenschaftlicher Biertrinker bin ich begeistert. Meine Begeisterung beginnt immer mit dem ersten Seidel und wächst mit jedem weiteren. Wie weit man die Begeisterung steigern kann, ist eine Sache der persönlichen Volumenfreude. Die muss man sich erarbeiten, und in dem Zusammenhang ist Arbeit für mich kein Fremdwort. In Sachen Aufnahmefähigkeit zieht mir beim Bier so schnell keiner davon. Ich setze mich schon lange genug in Schank- und Zapfstuben und mit denselben auseinander.

Also jedenfalls: Ich bin begeistert! Eine wachsende Begeisterungsfähigkeit ist im Zoiglbiermilieu der bayerischen Oberpfalz, in dem ich mich vorwiegend bewege, auch mehr als angebracht. Gegen den goldrauschartigen Zoiglstuben-Tsunami, der jetzt durch die Oberpfalz schwappt, kann man nämlich mit einer handelsüblichen Otto-Normaltrinker-Leber nicht ansaufen. Da braucht's schon eine gewisse, sozusagen „bierfasserprobte", Ausgepichtheit. Hier sind tafelschwammige Eigenschaften gefragt.

Mit einer Konfirmandenbladern ist dem rasant wachsenden Zoiglschänken-Gestrüpp nicht mehr nachzukommen. Selbst passionierte Orientierungstrinker behelfen sich mit Frühverrentung oder unbezahltem Urlaub, damit sie das viele Neugezoigl alles abschnorcheln können. Also, wie gesagt, ich bin begeistert, wie viel Saufbares unter dem Namen Zoigl verzapft wird. Dem heiligen Gambrinus sei Dank, dass Zoigl eigentlich alles sein kann, was nach den Gesetzmäßigkeiten der Schwerkraft von allein aus einem Glas herauskommt. Was für ein Zeug im Zoigl drin ist und ob er in einer belgischen Brauerei, in einer krematoriumgrünen Hinterhofwaschküche oder in einer privaten Mörtelwanne aufgebrüht wird, ist mir doch wurscht! Ob die chinesische Mafia oder irgendwelche Schnellbiersieder unausgegorene Nacht- und Nebelflüssigkeiten von hinten in die Zoiglhütten pumpen, ist vollkommen uninteressant!

Es ist mir auch bierdeckelschnurzegal, ob jetzt ein Hautarzt oder eine Abortfrau nebenbei mein Bierglas auswischt oder sich an meiner Streichwurscht zu schaffen macht. Da pfeif ich drauf! Wo Zoigl draufsteht, ist für mich Kultur drin, und damit basta! Also, wie gesagt, ich bin begeistert! Begeistert von der flächendeckenden Verzoigelung, begeistert vom oberpfälzischen Bierverstand und begeistert von unserer Zoiglkultur. Kurz: Ich bin überzeugt vom Zoigl, halt einfach „überzoiglt". Prost!

Norbert Neugirg, aus der Kolumne „Was ich so denk" für die Oberpfälzer Tageszeitungen „Der neue Tag", „Amberger Zeitung" und „Sulzbach-Rosenberger Zeitung"

Das Allerletzte ...

... und dann gibt es da noch den Zoigl aus Unterreiselberg im Landkreis Regensburg. Rekordverdächtige viertausend Euro wurden dafür bei einer Auktion am 9. Juli 2008 in Schwandorf bezahlt. Ersteigert wurde er von einer Frau aus Neustadt an der Aisch, die eine Besamungsstation vertrat. Dieser Zoigl ist nämlich ein sechshundertfünfunddreißig Kilogramm schwerer Zuchtstier mit einem Brustumfang von zweihundertfünf Zentimetern. Auf den Zoigl kam das Rindvieh durch die Zuchtlinie. Es ist üblich, dass der Name eines Bullen mit dem gleichen Buchstaben beginnt wie der des Vaters. Und der hieß Zahner. Der Großvater wurde Zahn gerufen.

„Der neue Name entsprang der Fantasie der Käuferin von der Besamungsstation", erinnert man sich in Schwandorf gut an diesen rekordverdächtigen Zoiglkauf.

Andrea Hefner vom Besamungsverein Neustadt a. d. Aisch hat den Zuchtbullen aus dem Stall von Josef und Angelika Schleicher aus Unterreiselberg bei Hemau Zoigl getauft. Die Diplom-Agraringenieurin stammt aus Vorbach im Landkreis Neustadt a. d. Waldnaab und ist eigentlich gar keine Biertrinkerin. Sie fand aber, dass Zoigl trefflich zu diesem Stier passe. Leistung, Funktionalität und Exterieur seien bei der Zucht eine genauso geniale Verbindung eingegangen wie Hopfen, Malz und Wasser bei der Braukunst. „Außerdem kann die Oberpfalz mit ihren Produkten ruhig etwas bekannter werden", schmunzelt Hefner.

Quellenverzeichnis

Stiegler Dr., Carl: „Das Kommunbrauwesen in Bayern", München, 1930

Huber Dr., Heinrich: „Das Kommunbrauwesen in Bayern", Berlin, 1939

Ascherl, Heinrich: „Geschichte der Stadt und Herrschaft Neustadt a. d. Waldnaab", Stadt Neustadt, 1982

Stangl, Martin: „Das Buch vom Zoigl", Verlag Stangl, Weiden, 2008

Lohberg, Rolf: „Das Lexikon vom Bier", Scripta Verlagsgesellschaft mbH, Stuttgart

Zoglmeier, Josef: „Geschichten, die das Leben schreibt", Stadt Neustadt, 1999

Höser, Josef: „Geschichte der Stadt Erbendorf", Verlag Michael Laßleben, Kallmünz, 1926

„Mitterteich im Wandel der Zeit", Vereinigte Oberpfälzische Druckereien und Verlagsanstalt GmbH, 1986

Schieder, Harald / Forster, Ralph: „Oberpfälzer Bierführer", Mittelbayerische Druck- und Verlagsgesellschaft mbH, Regensburg, 1999

Böhm, Anton: „Falkenberg in der Oberpfalz", Marktgemeinde Falkenberg, 1999

Stauber, Josef: „Die Geschichte des Hopfenbaues in der Oberpfalz", Sonderdruck aus „Die Oberpfalz", Verlag Laßleben, Kallmünz, 1999

Brenner-Schäffer, Dr. Wilhelm: „Darstellung der sanitätlichen Volkssitten und des medizinischen Volks-Aberglaubens im nordöstlichen Theile der Oberpfalz", Verlag Pohl, Amberg, 1861

Hauser, Georg: „Heimatbuch der Stadt Windischeschenbach", Stadt Windischeschenbach, 1991

Schriftenreihe „Oberpfälzer Heimat" des Heimatkundlichen Arbeitskreises im Oberpfälzer Waldverein und „Heimat Eschenbach" des Heimatvereins Eschenbach sowie verschiedene andere heimatkundliche Schriften.

Brunner, Johann: „Geschichte der Stadt Tirschenreuth in der bayerischen Ostmark vor dem Egerland", Kohl, Tirschenreuth, 1933

Zeitler, Walther: „Heimatbuch der Stadt Waldershof", Stadt Waldershof, 1988

Bildnachweis

Adam Johann (S. 159), „Am Sudhang" (S. 164/165), Appalachian Brewing Company (S. 166), Arbeitskreis Heimatpflege Mitterteich (S. 41 o., 104), Archiv Dotzler Hans (S. 34 o.), Archiv Familie Ponnath (S. 139), Archiv Familie Weiß (S. 65), Archiv Kramer-Wolf (S. 40, 86, 88, 90, 92, 93), Archiv Oberpfälzer Freilandmuseum Neusath-Perschen/Peter Bartmann (S. 41 u.), Archiv Punzmann Manfred (S. 2, 33, 36, 51 o., 80, 62 o.), Archiv Fütterer Reinhard (S. 6, 28, 35 u., 45, 48/5, 180/181), Beckert Adolf (S. 67), Benkhardt Wolfgang (S. 3, 5, 7, 13, 25, 43, 44, 44/3, 44/4, 45/5, 45/6, 48/7, 50, 53 o., 54, 57, 58, 59, 78 u., 71, 79, 82 u., 83, 87, 89, 91, 94, 98, 99, 116, 125, 130 o., 133, 134W, 142, 143 u., 144, 149, 150, 151, 152, 153, 159 u., 169, 170, 174, 175, 192), Denis - Fotolia.com (S. 8), Dobmeier Reinhold (S. 130 u.), Eger Sigrid (S. 97), Familie Lugert (S. 103), Flieger Wolfgang (S. 96), Foto Gerl (S. 72), Gemeinde Neuhaus an der Pegnitz (S. 148), Götz Gerhard (S. 21 o. u., 27), Grüner Norbert (S. 25, 100, 102, 114, 141), Heimatverein Eschenbach (S. 10, 30, 40, 51 u.), Höllerer Christian (S. 76), Ibl Uwe (S. 8/9, 16, 19/20, 44/1, 44/2, 45/7, 45/8, 48/1, 48/4, 49/6, 53 u., 95), Kasseckert Josef (S. 80/81, 84/85, 105, 161), Kloster Mallersdorf (S. 156 o.), Krehl Hans-Jürgen (S. 78 o.), Kumeth Wolfgang (S. 137), Landhotel „Zum Weißen Roß" (S. 31), Marktgemeinde Eslarn (S. 110/111 o., 112, 113), Männl Ines (S. 167), Moser Günter (S. 30), Neumann Bernhard (S. 128), Novikov Alexei - Fotolia.com (S. 131), Popp Ingrid (S. 12/13, 48/8, 56, 52, 53, 56, 59, 66, 68, 74, 81, 111, 115, 119 (o.), 120, 121, 122, 126, 127, 154, 157, 158, 179), Prem Hans (S. 61, 73, 118, 120), Prösl Susanne (S. 129), Rosner Konrad (S. 135 o.), Rott Peter H. M. (S. 143 o.), Rupprecht Markus (S. 21 u.), Schmidt Hans-Joachim (S. 124), Schreiber Thorsten (S. 106), Sperber Michael (S. 163), Stadtarchiv Neustadt a. d. Waldnaab (S. 17, 114, 117, 119 u.), Stadtarchiv Nürnberg (S. 18), Stengl Bernd (S. 145), Stiftlandmuseum Waldsassen (S. 140), Tourimuszentrum Oberpfälzer Wald in Neustadt/WN (S. 37, 178), Traxinger Rudolf (S.191), Václav Mach – Fotolia.com (S. 38/39, 105, 161), Wilck Karin (S. 155, 162), Wildung Gernot (S. 147), Winkler Ekkehard (S. 77), Zapf Reinhold (S. 156) und Ziegler Karl (S. 107, 108, 109).

und fehlt dir der Mut
trink a maß
zoigl
... und alles wird gut!
ECHTER ZOIGL VOM KOMMUNBRAUER
Hospitalstraße 5
95643 Tirschenreuth
0171/2889204
Georg`s BIObäcker
Produkte aus dem Holzbackofen
ZOIGLWIRTSCHAFT
Freyung 26
ECHTER ZOIGL VOM KOMMUNBRAUER
Zoigl-Bier